SIMPLY

PHILOSOPHIE

DK

DK | Penguin Random House

Lektorat
Rose Blackett-Ord, Andrew Szudek, Kathryn Hill, Daniel Byrne, Gareth Jones, Liz Wheeler, Jonathan Metcalf

Gestaltung und Bildredaktion
Phil Gamble, Mark Cavanagh, Lee Griffiths, Karen Self

Umschlaggestaltung
Sophia M.T.T., Akiko Kato

Herstellung
Andy Hilliard, Rachel Ng

Für die deutsche Ausgabe:
Projektbetreuung Nadine Matheiowetz
Herstellungskoordination Bianca Isack
Herstellung Stefanie Staat

Titel der englischen Originalausgabe:
Simply Philosophy

Übersetzung Christiane Wagler
Lektorat Christine Schramm

ISBN 978-3-8310-4605-8
5902-319157-22380-03

Druck und Bindung TBB, a.s., Slowakei

FSC www.fsc.org MIX Papier | Fördert gute Waldnutzung FSC® C018179

www.dk-verlag.de

BERATUNG

Marcus Weeks studierte Musik und Philosophie an der Universität und arbeitete als Lehrer, Klavierrestaurator und Musiker, bevor er eine Laufbahn als Schriftsteller einschlug. Er hat zahlreiche Bücher und Beiträge über Philosophie, Psychologie und Kunst geschrieben.

MITWIRKENDE

Douglas Burnham ist emeritierter Professor für Philosophie an der Universität Staffordshire (GB). Er hat zahlreiche Publikationen über Kant, Nietzsche und Ästhetik verfasst.

Daniel Byrne ist Herausgeber und Autor und studierte Philosophie an der Oxford Brookes University (GB). Sein Schaffen kreist um soziale und politische Philosophie.

Robert Fletcher hat einen Abschluss in Philosophie der Universitäten Reading, Nottingham und Oxford (alle GB) inne. Er ist pensionierter Lehrer und Wissenschaftler, arbeitet aber noch immer als Tutor an der Fakultät für Weiterbildung der Universität Oxford.

Andrew Szudek ist Autor und Herausgeber und studierte Philosophie an der Universität Cambridge (GB) mit den Schwerpunkten Wittgenstein und Philosophie des Geistes.

Marianne Talbot ist Studienleiterin für Philosophie an der Fakultät für Weiterbildung der Universität Oxford (alle GB). Seit 1987 ist sie für die Colleges der Universität Oxford tätig.

David Webb ist Professor für Philosophie an der Universität Staffordshire (alle GB). Zu seinen Interessen gehören Wissenschaft, historische Erkenntnistheorie, Politik und das Werk von Bachelard, Foucault und Serres.

INHALT

DIE **WELT DURCHDENKEN**

SEIN UND **SPRACHE**

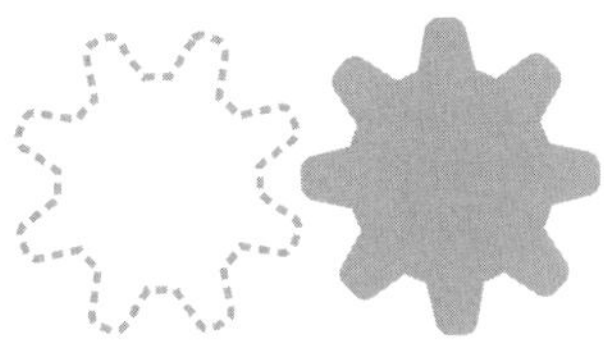

GEIST UND **MATERIE**

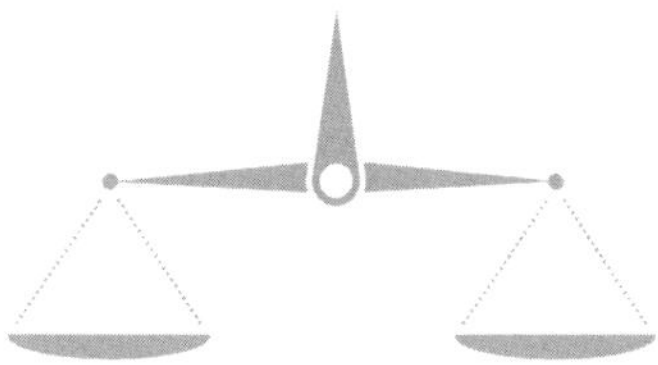

RICHTIG UND FALSCH

POLITIK UND MACHT

LOGIK UND ARGUMENT

WAS IST PHILOSOPHIE?

»Verwunderung«, sagte Platon, »ist der Anfang der Philosophie.« Die Philosophie ist aus unserem natürlichen Drang hervorgegangen, die Welt und unseren Platz in ihr zu erkunden. Im Altertum wunderten sich Menschen über das, was sie sahen und erlebten, und fragten sich, warum die Welt so ist, wie sie ist. Verschiedene Religionen lieferten einige Antworten und beschrieben Naturereignisse als Handlungen von Gottheiten und Geistern. Doch die ersten Zivilisationen wollten Erklärungen, die ihrer Erkenntnisfähigkeit entsprachen.

Die Grundlagen der westlichen Philosophie, die sich auf Vernunft und Beobachtung stützte, wurden im Griechenland des 6. Jh. v. Chr. gelegt. Denker wie Thales und Demokrit untersuchten Aufbau und Zusammensetzung der materiellen Welt und ihre Theorien ebneten den Weg für die Naturwissenschaften, die sich viele Jahrhunderte später herausbildeten. Etwa zur gleichen Zeit beschäftigten sich philosophische Strömungen in Indien und China mit ähnlichen Fragen aus unterschiedlichen kulturellen und religiösen Perspektiven. Mit der Weiterentwicklung der Gesellschaften richtete die frühe Philosophie im Osten wie im Westen ihre Aufmerksamkeit auf den Menschen. Sie stellte Fragen über die Natur des Leidens, darüber, wie wir unser Leben führen sollen und warum wir die Welt überhaupt verstehen können.

Im Lauf der Geschichte hat es viele verschiedene philosophische Denkschulen gegeben, deren Ideen sich oft direkt gegenüberstanden. Aber in der Philosophie geht es darum, Fragen aufzuwerfen, Vorstellungen zu prüfen und an Debatten und vernünftigen Auseinandersetzungen teilzunehmen. Statt endgültige Antworten zu liefern, ist Philosophie vor allem ein aktiver Prozess des Nachdenkens über die grundlegenden Fragen des Universums und unseren Platz darin. Sie ist nicht nur die Domäne der Universitätsgelehrten, sondern etwas, an dem wir uns alle beteiligen können – und das tun wir bereits dann, wenn wir das Universum betrachten, in dem wir leben, und uns wundern.

DIE **WE**
DURCHD

LT

ENKEN

Die Philosophie begann als Versuch, die Welt zu verstehen, ohne sich auf religiöse oder mythologische Vorstellungen zu stützen. Im Mittelpunkt standen dabei zwei allgemeine Fragen: »Was ist die Natur der Wirklichkeit?« (Gegenstand der Metaphysik) und »Was ist das Wesen des Wissens?« (Gegenstand der Erkenntnistheorie). Die Antworten darauf lassen sich in zwei Hauptrichtungen einordnen: den Rationalismus, der den Verstand als zuverlässigste Erkenntnisquelle ansieht, und den Empirismus, der die Bedeutung der sinnlichen Erfahrung betont. Die frühe Philosophie war die Wissenschaft ihrer Zeit. Die Naturwissenschaften trennten sich erst im 17. Jh. von der Philosophie.

Mythos
Vor der ionischen Schule glaubte man in Griechenland, dass Naturereignisse wie Stürme von Gottheiten verursacht werden.

Natur
Die ionische Schule argumentierte, dass Mythen über Gottheiten oft irrational und zur Erklärung von Naturereignissen untauglich sind.

ABKEHR VON MYTHEN

Die frühe westliche Philosophie bildete sich im 6. Jh. v. Chr. im griechischen Stadtstaat Milet heraus. Die sogenannte ionische Philosophenschule hinterfragte die Existenz von Gottheiten und befand, dass es eine natürliche Ordnung in der Welt gebe. Allein auf Grundlage von Vernunft und Beobachtung begab sie sich auf die Suche nach *Archē*, dem Urgrund des Kosmos. Ihre Studien ebneten künftigem wissenschaftlichem und philosophischem Denken den Weg.

»Das Schnellste [ist] der Geist, der alles durchdringt.«
Thales von Milet

»Wasser ist der Ursprung …«
Thales von Milet

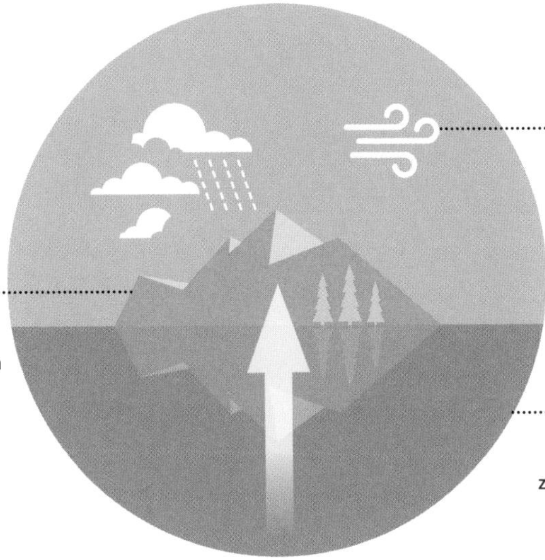

EINE EINZIGE QUELLE

Über viele Jahre hinweg beobachtete Thales von Milet (um 624–um 546 v. Chr.), dass eine Insel in einem Fluss an Fläche zunahm. Er wusste, dass Wasser wandlungsfähig ist: es gefriert, wenn es abkühlt, und wird gasförmig, wenn es erhitzt wird. Daher kam er zu dem Schluss, dass das Wasser zu Erde verdichtet würde und die Insel vergrößere. Aus diesen und anderen Beobachtungen folgerte er, dass Wasser der Ursprung aller Dinge sei. Sein Schüler Anaximenes (um 585–um 525 v. Chr.) war anderer Meinung: Er behauptete, dass Luft und nicht Wasser die Substanz sei, auf die alles zurückgehe.

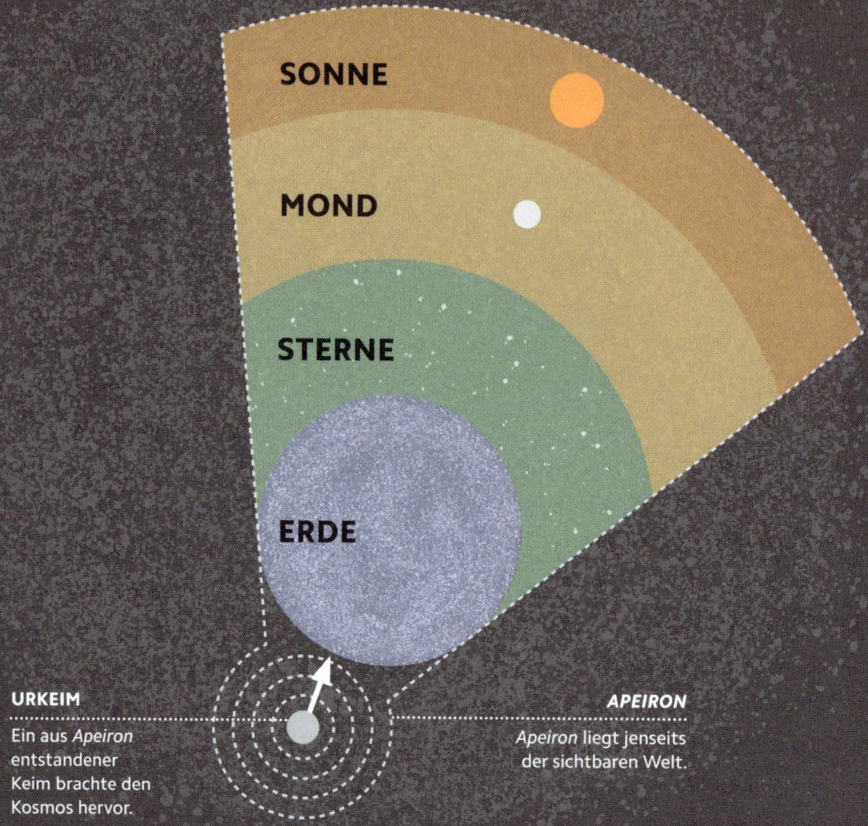

UNERKENNBARER URSPRUNG

Anaximander (um 610–546 v. Chr.) bezweifelte, dass Wasser oder Luft die Urstoffe sind (siehe S. 11). Er behauptete, die Welt sei einst ein Keim gewesen, der aus einer unergründlichen Substanz namens *Apeiron* (das »Unbestimmte« oder »Unbegrenzte«) entstanden sei. Aus dem Keim gingen anfangs gegensätzliche Kräfte hervor – wie Kälte und Hitze, Trockenheit und Nässe – und schufen die Erde mit den Sternen, dem Mond und der Sonne, die sie umgeben.

ZAHLENHERRSCHAFT

Pythagoras (um 570–um 495 v.Chr.) glaubte, dass der Kosmos von Zahlen beherrscht wird. Er entdeckte, dass die Töne einer Tonleiter mit acht Noten (Oktave) mathematischen Zahlenverhältnissen folgen. So erklingt eine Note eine Oktave höher, wenn man die Länge der Saite, auf der sie gespielt wird, halbiert. Seine Anhänger führten diese Idee weiter und befanden, dass die Abstände zwischen Sonne, Mond und Planeten den Intervallen zwischen Noten entsprechen, wodurch eine Art Musik entsteht: die »Sphärenharmonie«.

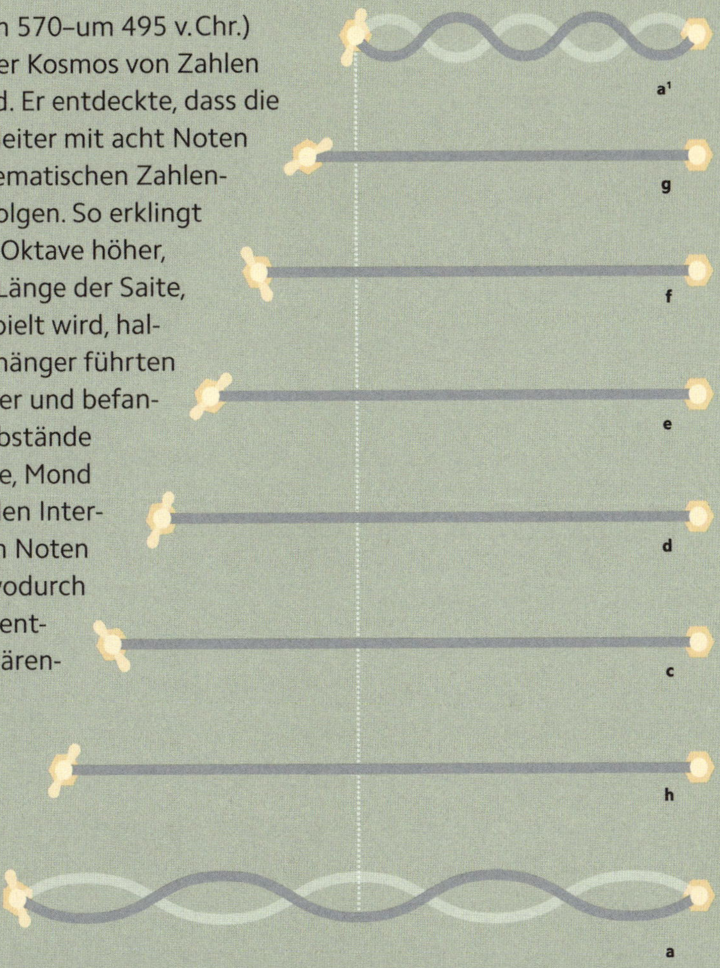

Die Oktave
Pythagoras stellte fest, dass eine Saite, die den Ton a spielt, denselben Ton eine Oktave höher erklingen lässt, wenn man die Länge der Saite halbiert.

> »Die Zahl ist das Wesen aller Dinge.«
> Pythagoras

ALLES FLIESST

WASSER

Bei Abkühlung kondensiert Wasserdampf zu Wasser, das Seen formt.

Heraklit (um 535–um 475 v.Chr.) behauptete, die Grundlage von allem sei der Wandel. Er argumentierte, dass der Kosmos ein Schlachtfeld gegensätzlicher Kräfte sei. Dieser Widerspruch sei aber nicht schädlich, sondern erhalte die Welt – so wie das Licht die Dunkelheit, der Tag die Nacht und das Leben den Tod bedinge. Er nannte das Prinzip, das den Wandel steuert, »Logos«.

WASSERDAMPF

Bei Erwärmung wird Wasser zu Wasserdampf, der Wolken bildet.

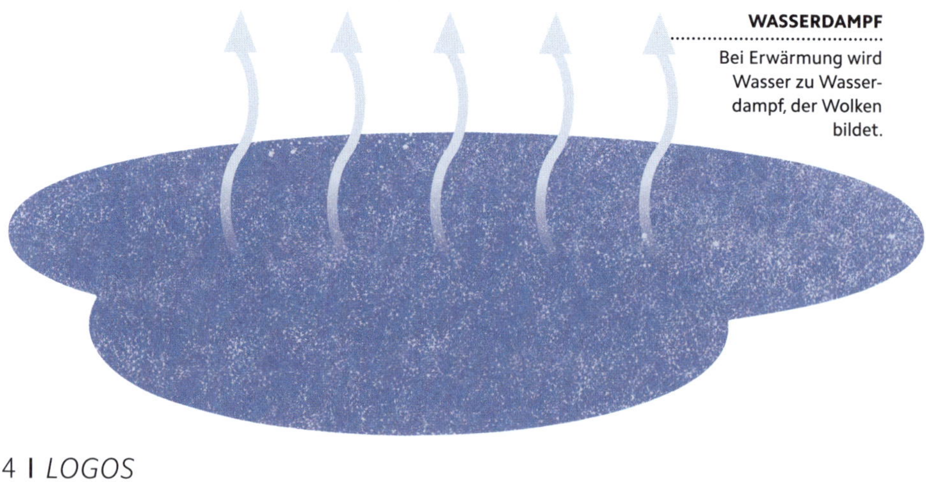

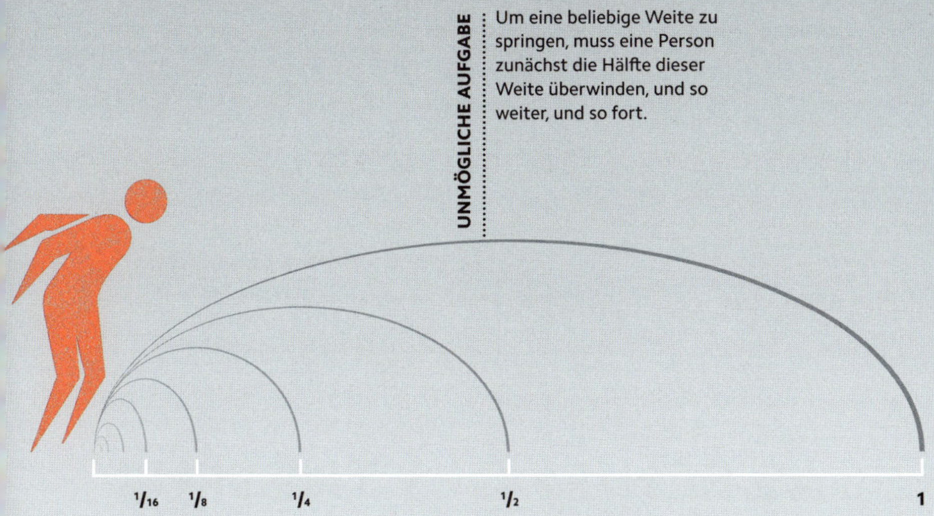

ES GIBT KEINEN WANDEL

Zenon von Elea (um 490–430 v.Chr.) befand, dass Wandel (siehe links) unmöglich ist und alle Veränderungen, die Menschen wahrnehmen, Illusionen sind. So zeigte er in einem Argument, das als Paradoxon bekannt ist (eine Aussage, die dem, was zu erwarten ist, zuwiderläuft), dass jemand, der eine beliebige Strecke zurücklegen will, zuerst die Hälfte dieser Strecke hinter sich bringen muss. Dafür muss jedoch zunächst die Hälfte *dieser* Entfernung überwunden werden, und so geht es unendlich weiter. Da eine Strecke immer halbiert werden kann, erfordert jede Bewegung die Bewältigung einer unendlichen Anzahl von Halbstrecken, was unmöglich ist. Daraus folgerte Zenon, dass Bewegung in Wirklichkeit eine Illusion ist.

Ursprüngliches Schiff
Am Anfang ist das Schiff in tadellosem Zustand.

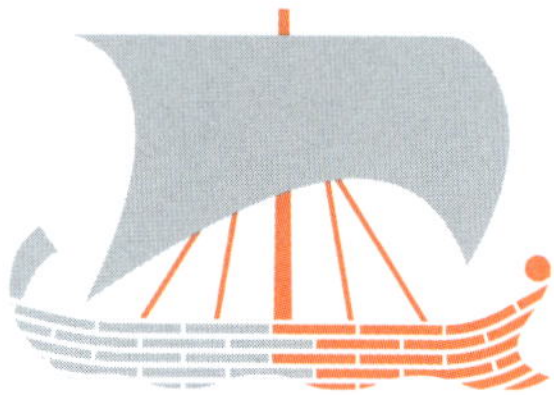

Teilweise ersetzt
Über die Jahre werden die beschädigten Teile des Schiffes ausgetauscht.

DAS SCHIFF DES THESEUS

Ein Gedankenexperiment aus dem antiken Griechenland befasst sich mit dem Wesen der Identität. Wenn die Bestandteile eines Objekts nach und nach ausgetauscht werden, bleibt es dann dasselbe Objekt? Als Veranschaulichung des Problems diente das sagenumwobene Schiff des Theseus, das im Lauf eines Jahrhunderts vollständig erneuert wurde.

Zusätzliche Reparaturen
Immer mehr Teile des Schiffes werden repariert.

Erneuertes Schiff
Schließlich ist jedes Teil des Schiffes ersetzt worden – aber ist es noch dasselbe Schiff?

EWIGE ATOME

Leukipp (Anfang des 5. Jh. v. Chr.) und Demokrit (um 460–371 v. Chr.) befanden, Materie sei nicht unendlich teilbar und müsse daher aus unteilbaren Bausteinen bestehen, die sie »Atome« nannten. Sie glaubten, dass Atome in einer Leere existierten, die es ihnen ermögliche, sich zu bewegen und sich mit anderen Atomen zu verschiedenen Substanzen zu verbinden. Zudem hielten sie Atome für ewig und unveränderlich: Wenn ein Objekt zerfällt, überleben seine Atome und verbinden sich zu neuen Stoffen. Das bedeutet, dass die Atome, aus denen der menschliche Körper besteht, nach dem Tod nicht zerstört werden, sondern sich trennen und zu etwas anderem werden.

Runde Atome
Demokrit zufolge haben die Atome verschiedene Formen, von denen jede eine andere Eigenschaft hat. Zum Beispiel sind die Atome von Flüssigkeiten rund und glatt und gleiten leicht aneinander vorbei.

REICH DER IDEEN

Platon (427–347 v.Chr.) glaubte, der Mensch erwerbe Wissen durch Vernunft, anstatt allein durch Sinneseindrücke (siehe S. 34). So befand er, dass wir zwar verschiedene Abbilder von Hunden wahrnehmen, nicht aber deren zugrundeliegendes vollkommenes Urbild, das er Idee nannte. Er argumentierte, die urbildhafte Form eines Hundes existiere in einer vollkommenen Welt der Ideen. Auch wenn wir sie nicht sehen können, enthalte sie die Urbilder aller Dinge. Platon behauptete, die Existenz dieser Welt könnten wir durch unseren Verstand erschließen.

URBILD »HUND«

Platon dachte, dass wir ein angeborenes Wissen der urbildhaften Form, der Idee, eines Hundes haben.

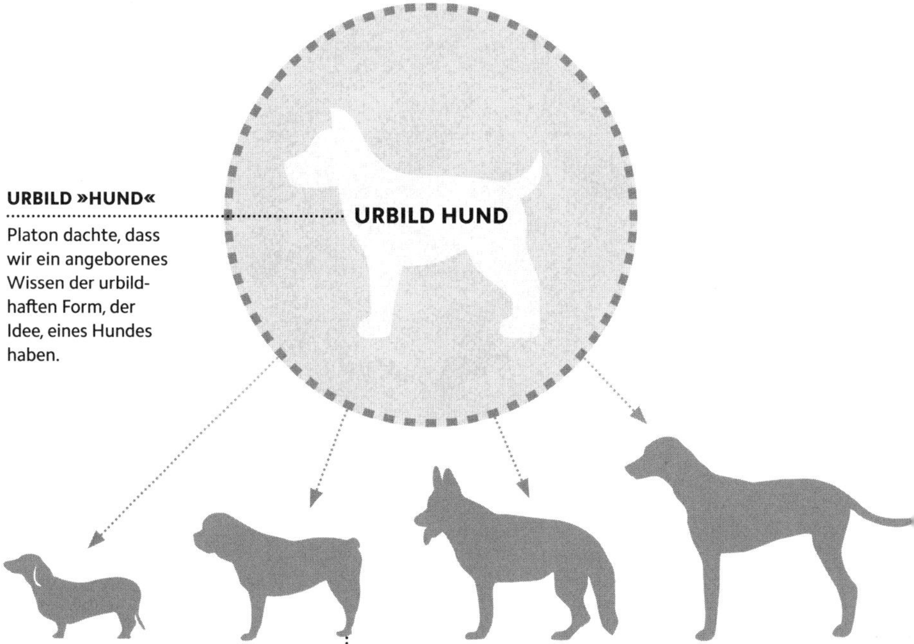

EINZELNER HUND

Es gibt viele verschiedene Hundearten, doch jede ist abgeleitet vom Urbilds eines Hundes.

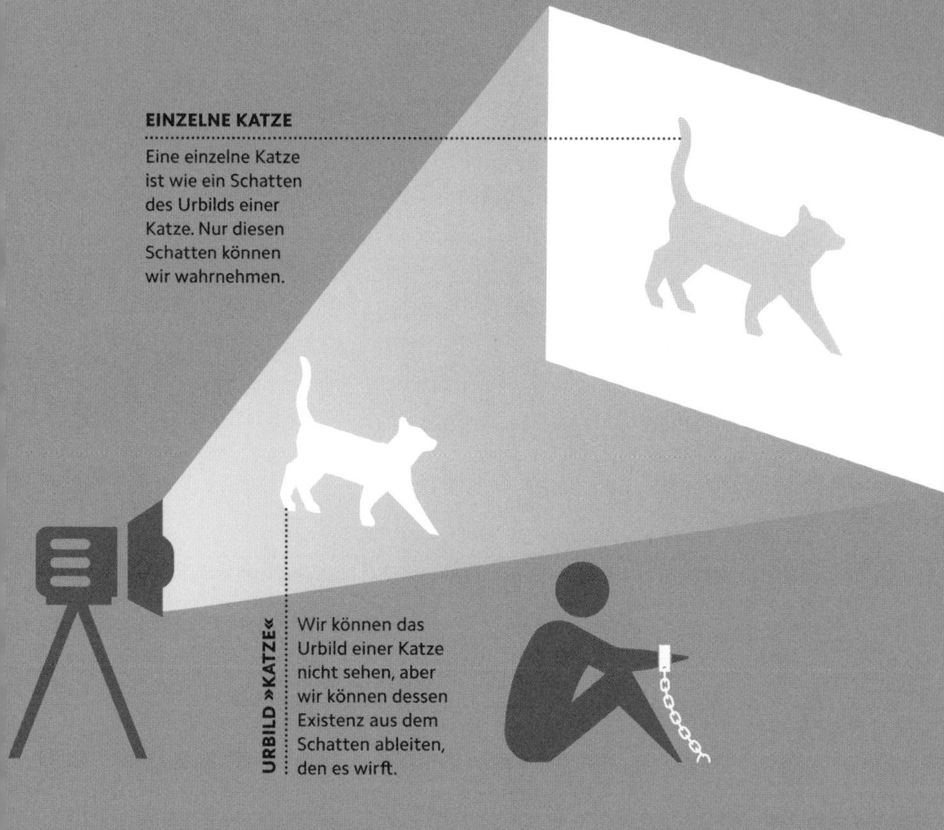

SCHATTENWELT

Platon veranschaulichte seine Ideenlehre (siehe links) mit einem Gleichnis. Er verglich die Menschen mit Gefangenen in einer Höhle, die nur in eine Richtung blicken können – auf eine Wand, auf der sich Schatten bewegen. Hinter ihnen passieren Objekte eine Lichtquelle und erzeugen die Schatten, die die Gefangenen erblicken. So unzureichend, fand Platon, nehmen wir die Wirklichkeit wahr. Alles, was wir sehen, sind Schatten der Urbilder oder Ideen. Laut Platon können wir jedoch die Höhle verlassen, also die Wirklichkeit so erleben, wie sie ist, indem wir die Ideen durch den Verstand ergründen.

IRDISCHE FORMEN

Aristoteles (384–322 v. Chr.) lehnte Platons Ideenlehre ab (siehe S. 18). Er vertrat die Ansicht, dass wir Wissen nur aus unseren Sinneseindrücken erlangten. So wird beispielsweise das Wesen eines Hundes durch eine Reihe von Eigenschaften bestimmt, die alle Hunde gemeinsam haben. Was einen Hund von einer Giraffe unterscheidet, ist laut Aristoteles seine Gestalt, und verschiedene Dinge werden für unterschiedliche Zwecke gestaltet (siehe S. 21–22). Für ihn war die Form eines Objekts oder Lebewesens so etwas wie dessen Bauplan: Sie ist das, was die Materie (die aus vier irdischen Elementen bestehe) zu einer bestimmten Art von Objekt oder Lebewesen macht.

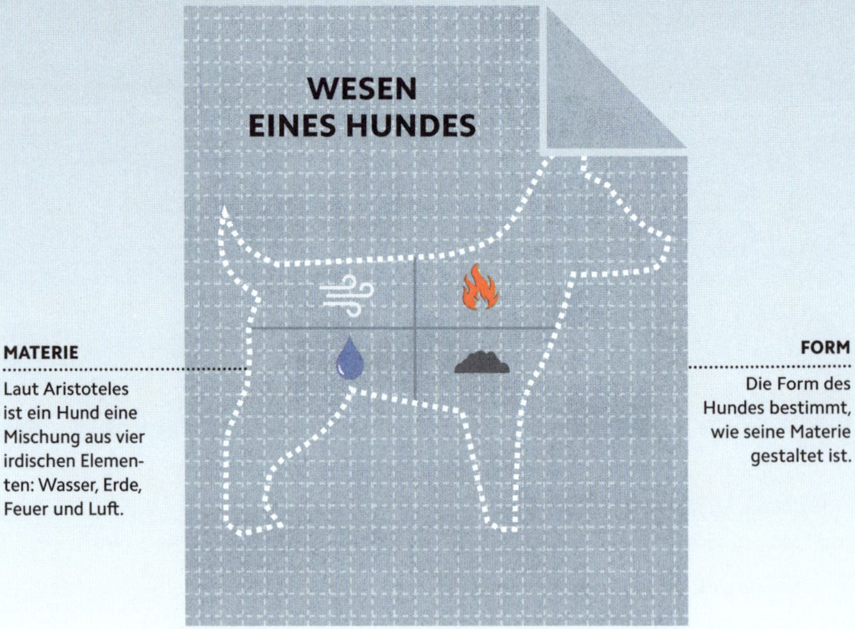

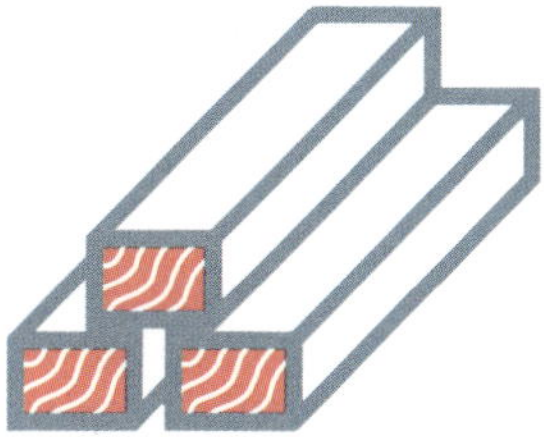

Stoffursache
Die Stoffursache eines Objekts ist das Material, aus dem es besteht. Bei einem Holzstuhl ist die Stoffursache Holz.

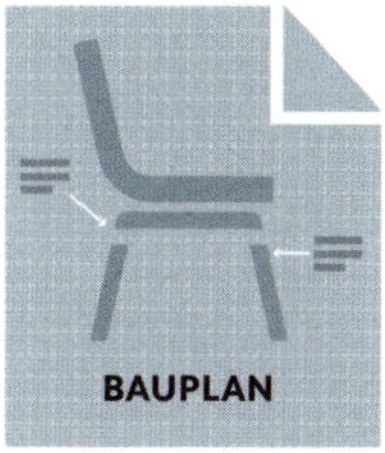

Formursache
Die Formursache eines Objekts ist dessen physische Gestalt. Die Formursache eines Holzstuhls ist der Bauplan eines Möbeltischlers.

Wirkursache
Die Wirkursache eines Objekts ist der Prozess, durch den es entsteht. Bei dem Stuhl ist die Wirkursache die Arbeit des Möbeltischlers.

Zweckursache
Die Zweckursache oder teleologische Ursache ist die Bestimmung eines Objekts. Ein Stuhl ist als Sitzgelegenheit gedacht.

DAS WESEN DER DINGE

Für Aristoteles lässt sich ein Objekt anhand von vier Dingen erklären – seine materielle Zusammensetzung, seine Gestalt, die Umstände, durch die es entsteht, und seinen Zweck. Er bezeichnete diese Faktoren als »vier Ursachen«: Stoff-, Form-, Wirk- und Zweckursache.

Mensch
Das Ziel des Menschen ist die Übung des Verstandes. Durch den Verstand kann der Mensch die *Teloi,* Ziele oder Zwecke, der Dinge erkennen.

ALLES HAT EINEN ZWECK

Aristoteles befand, alles habe ein *Telos* oder einen Zweck. So ist es der Zweck des Samens, zu keimen und zu einer Pflanze heranzuwachsen, während die Bestimmung der Pflanze darin besteht, Samen zu tragen und sich fortzupflanzen. Der Regen dient dazu, die Erde zu bewässern, damit Pflanzen wachsen können, die wiederum Nahrung für Mensch und Tier liefern.

Apfel
Der Zweck eines Apfels ist es, gegessen zu werden und Kerne zu spenden, aus denen Apfelbäume wachsen.

Ton
Der Zweck von Ton ist es, von Menschen geformt zu werden, etwa zu Schalen, Ziegeln oder Statuen.

DER UNBEWEGTE BEWEGER

Aristoteles argumentierte, dass der Kosmos zwar keinen Anfang habe, aber etwas die Himmelskörper in Bewegung gesetzt haben muss. Da jedoch alles eine Ursache hat, folgt daraus, dass das, was die Himmelskörper bewegte, auch eine Ursache haben muss. Weil diese Kette von Bewegern nicht endlos sein kann, entwickelte Aristoteles die Vorstellung von einer ersten Ursache oder von einem »unbewegten Beweger«, der den Kosmos in Bewegung brachte. Heute könnten wir auch fragen: Wenn das Universum mit dem Urknall begann, was hat dann den Urknall verursacht?

»Nichts bewegt sich in beliebiger Weise; es muss immer ein Grund da sein, warum etwas sich [...] bewegt.«

Aristoteles

ERSTE URSACHE

Wenn jede Bewegung eine Ursache hat, was hat dann die erste Bewegung verursacht? Aristoteles nannte es den »unbewegten Beweger«.

GÖTTLICHE URSACHEN

Al-Ghāzali (um 1058–1111) widersprach Aristoteles' Ansicht, dass die Himmelskörper zu einem bestimmten Zeitpunkt in der Vergangenheit in Bewegung gesetzt worden seien (siehe S. 23). Er argumentierte, das lasse keinen Raum für den Willen Gottes, der seiner Meinung nach immer in der Welt wirke. Al-Ghāzali behauptete, dass es nicht notwendigerweise einen Zusammenhang zwischen Ereignissen gebe – wenn z.B. etwas ins Feuer geworfen wird, müsse es nicht brennen, sondern tue es, weil Gott es wolle. Jahrhunderte später traf David Hume eine ähnliche Feststellung über Ursache und Wirkung (siehe S. 40).

BAUMWOLLE

Wenn Baumwolle ins Feuer geworfen wird, verbrennt sie und wird zu Asche und Rauch.

GOTTES WILLE

Al-Ghazāli war der Meinung, dass Baumwolle nicht brennen müsse, sondern das geschehe, weil Gott es so wolle.

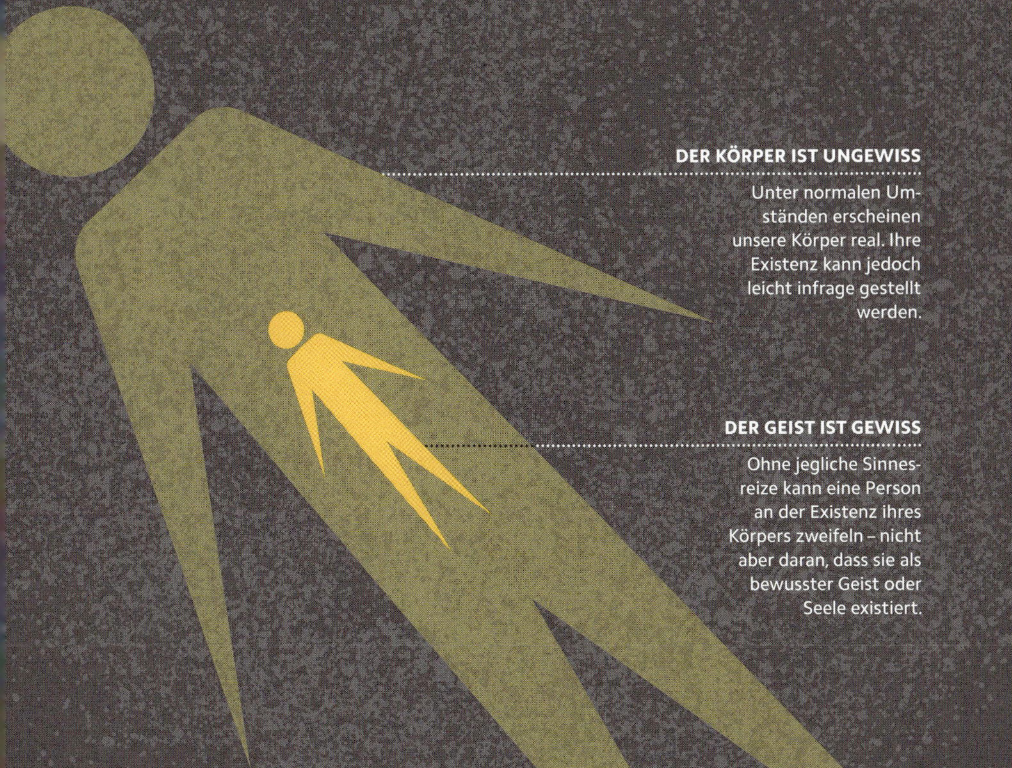

DER FLIEGENDE MENSCH

Ibn Sina (um 980–1037), auch bekannt als Avicenna, stellte sich vor, wie es für jemanden wäre, mit geschlossenen Augen in der Luft zu schweben und keinerlei Informationen von den Sinnen zu erhalten. In einem solchen Zustand könnte sich eine Person vorstellen, dass sie keinen Körper hat oder dass ihre Gliedmaßen nicht mit ihrem Körper verbunden sind, aber sie könnte nicht an ihrer Existenz als bewusstes, denkendes Wesen zweifeln. Für Ibn Sina zeigte dies, dass der Geist oder die Seele vom Körper unabhängig ist – eine Schlussfolgerung, die René Descartes Jahrhunderte später aus einem ähnlichen Experiment ableitete (siehe S. 32).

GIBT ES GOTT?

Anselm von Canterbury (um 1033–1109) glaubte, dass die Existenz Gottes logisch bewiesen werden könne. Dazu entwickelte er sechs Schritte, die als »ontologischer Gottesbeweis« bekannt sind (siehe unten).

> **»Gott hat jedoch nichts Kostbareres geschaffen, als die vernunftbegabte Natur, um sich an ihr zu erfreuen.«**
> Anselm von Canterbury

1

Gott ist das Größte, das wir uns vorstellen können.

2

Gott existiert als Vorstellung in unserem Geist.

3

Etwas kann in unserer Vorstellung oder in Wirklichkeit existieren.

4

Etwas, das wirklich existiert, ist besser als etwas, das nur in unserer Vorstellung existiert.

PHILOSOPHIE

5

Wenn Gott nur in unserem Geist existiert, wäre er nicht das Größte, das wir uns vorstellen können.

6

Daher muss Gott wirklich existieren.

SIND RELIGION UND PHILOSOPHIE VEREINBAR?

Ibn Ruschd (1126–1198), auch bekannt als Averroes, hielt Glaube und Philosophie für vereinbar. Er betrachtete sie als zwei unterschiedliche Methoden der Wahrheitsfindung und urteilte, dass die Religionslehre die heiligen Schriften immer dann neu interpretieren sollte, wenn sie im Widerspruch zur Philosophie stehen, denn »die Wahrheit kann der Wahrheit nicht widersprechen«. Ibn Ruschd unterschied zwischen Allegorie (fassbares Bild zur Veranschaulichung eines abstrakten Begriffs) und logischem Schluss (siehe S. 144) und glaubte, dass Aussagen religiöser Schriften, die der Vernunft zuwiderlaufen, im übertragenen Sinn zu verstehen sind.

ALLGEMEINBEGRIFFE

Universalien sind Allgemeinbegriffe, wie »Katze« oder »Dreieck«. Platon stellte fest, dass wir nur einzelne Katzen und Dreiecke sehen können, nicht aber die urbildhafte Form der Katze oder des Dreiecks (siehe S. 18). Wenn die Menschen jedoch Allgemeinbegriffe nicht wahrnehmen können, woher kennen sie sie dann und in welchem Sinn existieren sie? Diese Fragen brachten zwei philosophische Denkschulen hervor: den Realismus, für den Universalien unabhängig von unseren Sinneseindrücken existieren, und den Nominalismus, für den sie Verallgemeinerungen unserer Wahrnehmung einzelner Dinge sind.

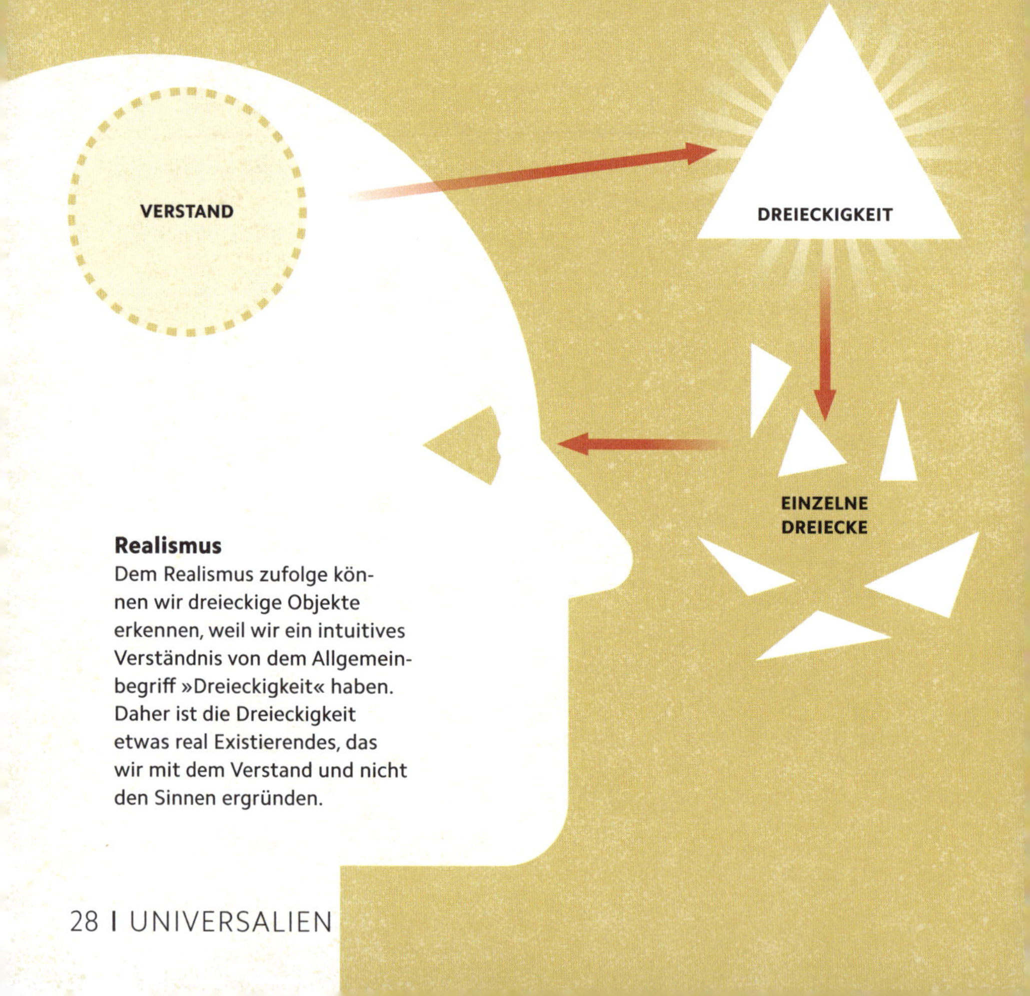

Realismus
Dem Realismus zufolge können wir dreieckige Objekte erkennen, weil wir ein intuitives Verständnis von dem Allgemeinbegriff »Dreieckigkeit« haben. Daher ist die Dreieckigkeit etwas real Existierendes, das wir mit dem Verstand und nicht den Sinnen ergründen.

> »Außerhalb der Seele [existiert] kein Allgemeines in den vereinzelten Substanzen.«
>
> Wilhelm von Ockham

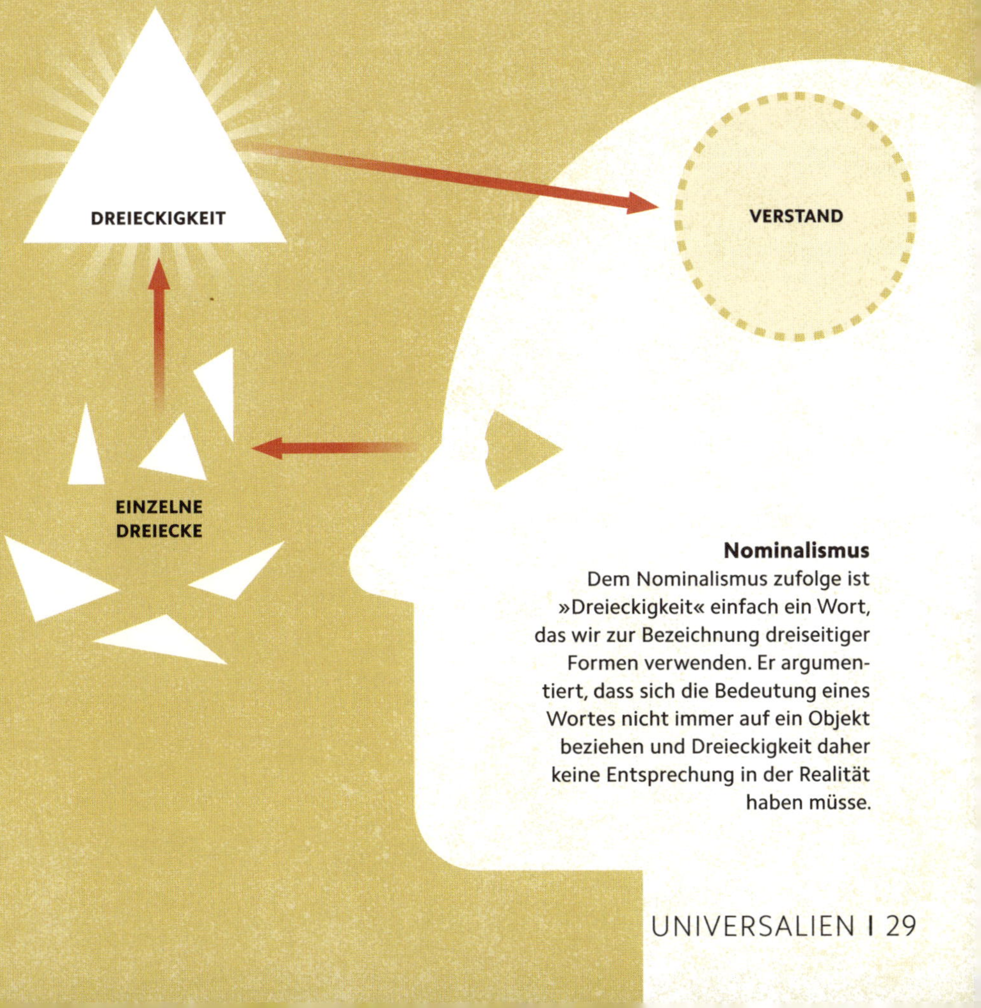

Nominalismus

Dem Nominalismus zufolge ist »Dreieckigkeit« einfach ein Wort, das wir zur Bezeichnung dreiseitiger Formen verwenden. Er argumentiert, dass sich die Bedeutung eines Wortes nicht immer auf ein Objekt beziehen und Dreieckigkeit daher keine Entsprechung in der Realität haben müsse.

NATUR

DER GEIST

DIE UHRWERK-WELT

Im 17. Jh. verglich die Wissenschaft die Welt mit einer Maschine. Auch Thomas Hobbes (1588–1679) vertrat diese Ansicht und befand, das Universum bestehe nur aus körperlicher Materie und der freie Wille sei eine Illusion. Er behauptete, alles laufe wie ein Uhrwerk und die Naturgesetze trieben die Welt auf eine vorbestimmte Weise an. Selbst unsere Gedanken, so argumentierte er, seien nichts anderes als körperliche Vorgänge in unserem Gehirn. Die Vorstellung, das Universum setze sich aus nur einer Substanz zusammen, wird als Monismus bezeichnet, und die Auffassung, es handele sich dabei um körperliche Materie, nennt man Materialismus.

DER KÖRPER

UNIVERSUM DES GEISTES

Wie Thomas Hobbes war Gottfried Leibniz (1646–1716) Monist (siehe links). Doch für ihn bestand das Universum aus rein geistigen, unteilbaren Einheiten, die er »Monaden« nannte. Er erklärte, weil körperliche Materie teilbar sei, könne sie nicht die Bausteine des Universums bilden, die folglich geistig sein müssten. Da Monaden unkörperlich seien, existierten sie nicht im physischen Raum und könnten daher auch nicht miteinander interagieren. Leibniz beschrieb sie als ganz für sich, unkörperlich und von unendlicher Anzahl.

»Jede Substanz ist … eine Welt für sich, unabhängig von jedem anderen Wesen als von Gott.«

Gottfried Leibniz

ICH DENKE, ALSO BIN ICH

René Descartes (1596–1650) war ein Wissenschaftler, der die Frage, was er mit Sicherheit wissen könne, zu beantworten versuchte. Er wandte den sogenannten methodischen Zweifel auf seine Überzeugungen an und akzeptierte sie nur dann als wahr, wenn es keine andere logische Möglichkeit gab. Dieser Prozess führte ihn zu der Einsicht, dass er an allem zweifeln konnte, außer an der Tatsache, dass er dachte, und somit existieren musste.

Traum
Da wir uns in unseren Träumen oft wach fühlen, ist es möglich, dass unser derzeitiges Erleben der Welt auch nur ein Traum ist.

Optische Täuschung
Wir fallen leicht auf optische Täuschungen herein, daher können wir unseren Sinnen nicht trauen.

Gewissheit
Alles könnte eine Illusion sein, außer die Tatsache, dass wir denken.

Descartes' Dämon
Unser ganzes Leben könnte ein Schwindel sein, den uns ein böser Geist vorgaukelt.

MATERIE

René Descartes zweifelte an der Existenz seines Körpers, nicht aber an seiner Existenz als denkendes Wesen (siehe links). Wenn sein Körper aber vielleicht eine Illusion war, wo befanden sich dann seine Gedanken? Seine Antwort war, dass es zwei Welten gebe: die materielle des Körpers und die immaterielle des Geistes. In der materiellen Welt haben die Objekte einen Ort, eine Masse und eine Form, und alles läuft wie ein Uhrwerk.

REALITÄT IST ZWEIGETEILT

GEIST

Unsere Gedanken in der immateriellen Welt sind völlig frei. Descartes glaubte, dass der Mensch als einziges Wesen der Schöpfung diese Freiheit habe und dadurch philosophieren und ein Geistesleben führen könne. Er vermutete, dass materielle und immaterielle Welt in der Zirbeldrüse des Gehirns aufeinandertreffen, konnte aber nicht erklären, wie sie interagieren – ein Kernthema der Philosophie des Geistes (siehe S. 76–91).

VERNUNFTWAHRHEITEN

Rationalismus ist die Ansicht, dass der Mensch Wissen hauptsächlich durch logisches Denken und nicht durch Sinneserfahrung erwerbe. Er basiert auf der Vorstellung, dass unsere Sinne unzuverlässig sind, es aber verschiedene Arten von Aussagen gibt (z.B. »2 + 2 = 4«), die nicht angezweifelt werden können und von denen wir intuitiv wissen, dass sie wahr sind. Der Rationalismus argumentiert oft, dass die gesamte Mathematik in diesem intuitiven Sinn wahr sei, und dass der Verstand, weil wir mit ihm die Mathematik erschließen, uns auch wissenschaftliche und ethische Grundsätze liefern könne.

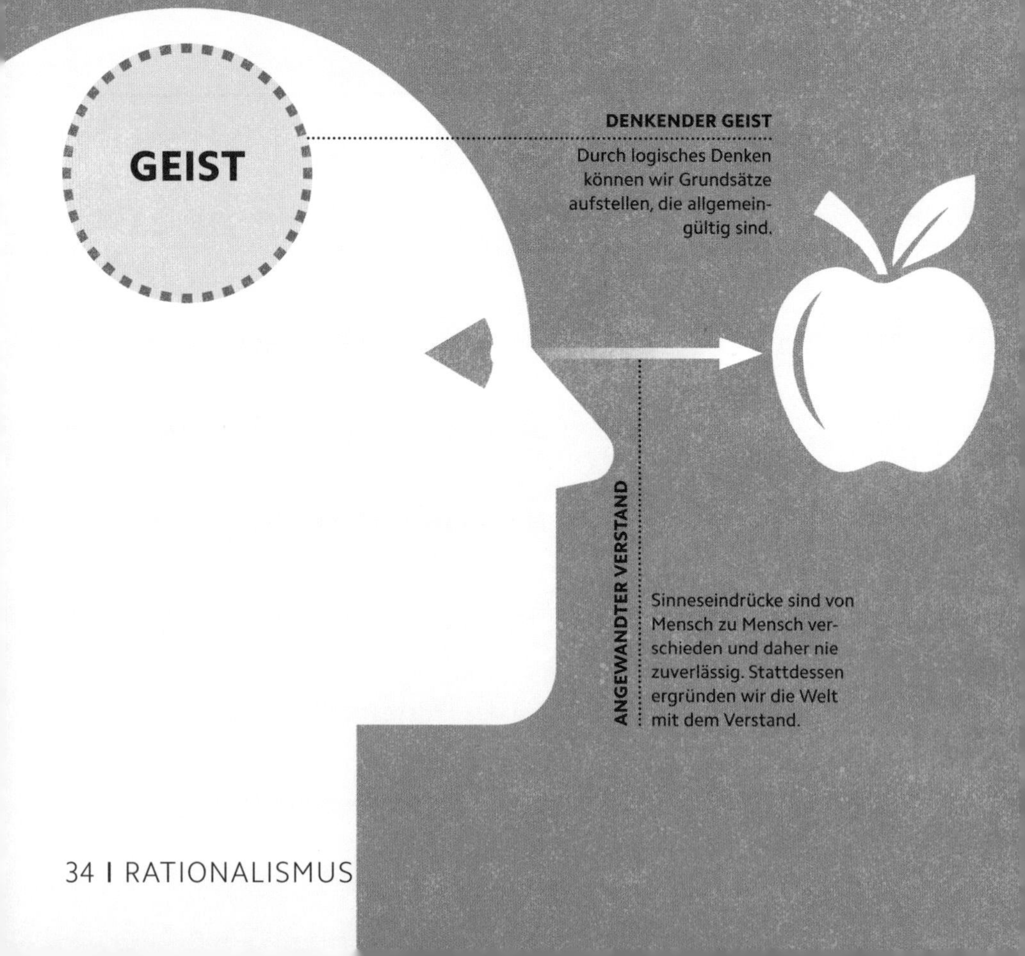

VON GEBURT AN VORHANDEN

Viele Rationalistinnen und Rationalisten (siehe links) glauben, dass wir mit angeborenen Ideen zur Welt kämen. Nach Platon sind das allgemeine Ideen oder Begriffe wie »Dreieck« und »rot«, die uns befähigen, einzelne Dreiecke und rote Dinge zu erkennen. René Descartes hielt auch mathematische Wahrheiten für angeboren, da Aussagen wie »2 + 2 = 4« unabdingbar wahr sind. Sowohl Platon als auch Descartes vertraten die Auffassung, dass wir zwar angeborene Ideen hätten, diese uns aber erst durch Sinneseindrücke bewusst würden.

TATSACHENWAHRHEITEN

Der Empirismus vertritt die Ansicht, dass wir Wissen hauptsächlich durch Sinneseindrücke und nicht durch Vernunft erlangen. Im Gegensatz zum Rationalismus (siehe S. 34) argumentiert der Empirismus, dass die Mathematik uns kein Wissen vermittle, sondern lediglich einen Rahmen, innerhalb dessen wir über die Welt nachdenken können. Der erste moderne Empirist war John Locke (1632–1704). In Anlehnung an Aristoteles war er der Auffassung, dass wir Wissen durch unsere Sinne erwerben und die gewonnenen Sinneseindrücke durch logisches Denken einordnen. Durch seinen Fokus auf Beobachtung bildet der Empirismus die Grundlage der modernen Wissenschaft.

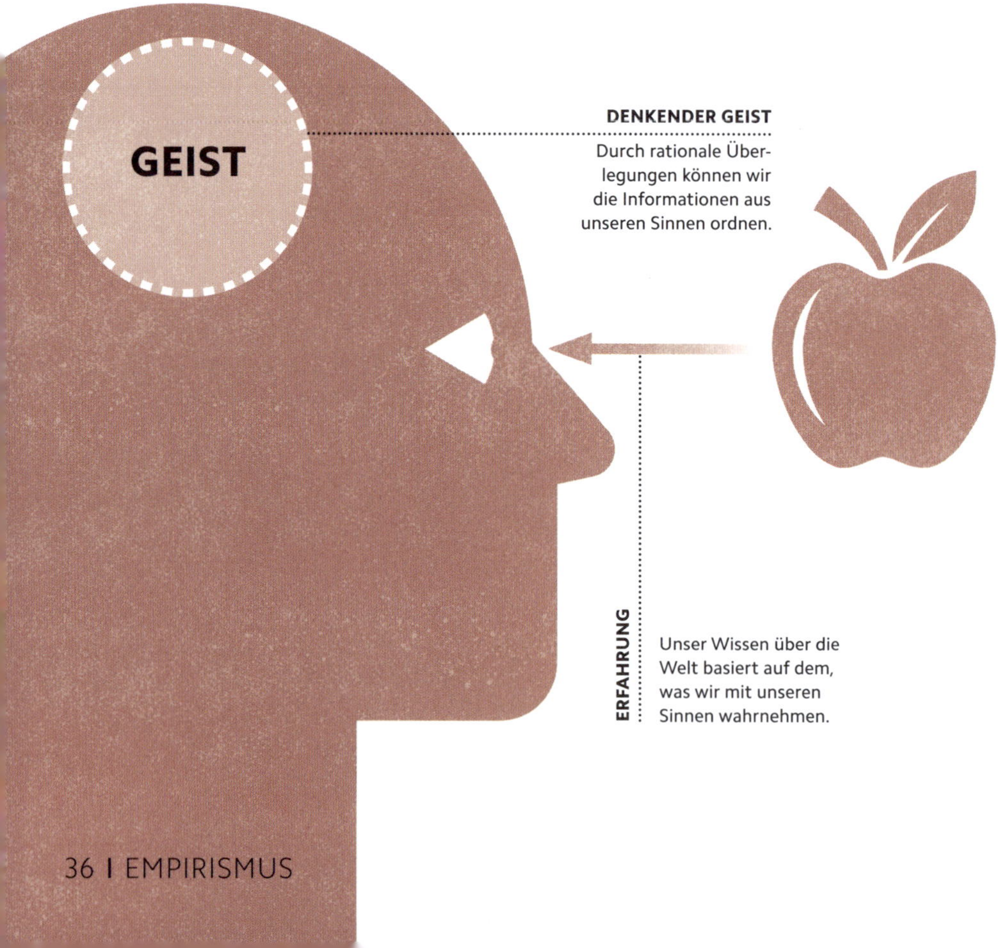

Keine Vorstellungen
Ein ungeborenes Kind hat keine Vorstellungen. Locke beschrieb dessen Geist als »Tabula rasa«, die darauf wartet, durch Erfahrung beschrieben zu werden.

Wachsende Vorstellungen
Durch Sinneseindrücke bilden Kinder einfache Vorstellungen, wie »weich« und »trocken«. Diese entwickeln sich zu komplexeren Vorstellungen, wie »Spielzeug« und »Oberflächenbeschaffenheit«.

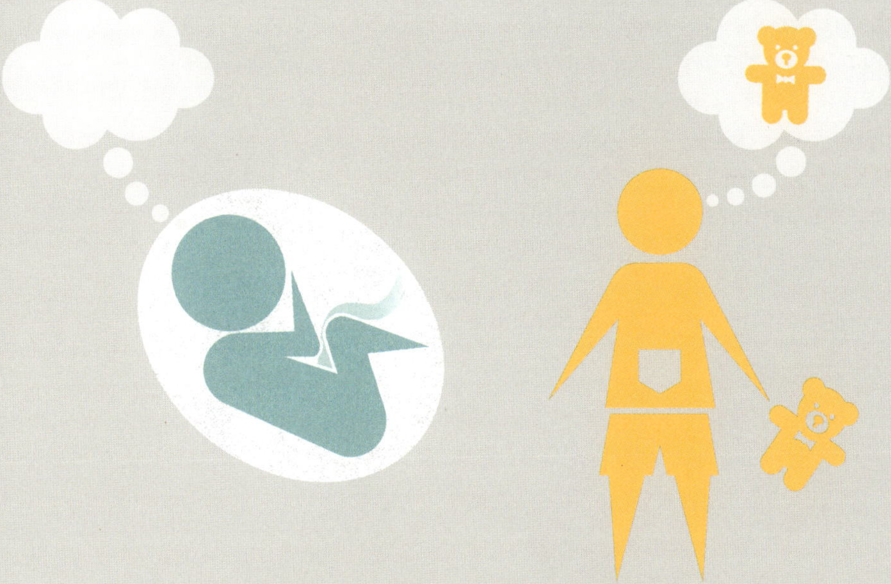

ALLES WISSEN IST ERWORBEN

Der Empirismus (siehe gegenüber) geht davon aus, dass unser Wissenserwerb bei der Geburt einsetze, wenn wir die Welt zum ersten Mal erleben. John Locke beschrieb den Geist bei der Geburt als »Tabula rasa« (unbeschriebenes Blatt). Er nahm an, dass Kinder zunächst mit den Sinnen äußere Objekte wahrnehmen (Sensation). Später gelangen wir durch innere Wahrnehmung zu komplexeren Vorstellungen (Reflexion). Obwohl er die Existenz angeborener Ideen verneinte (siehe S. 35), schrieb Locke uns ein angeborenes Denkvermögen zu.

NUR IDEEN EXISTIEREN

George Berkeley (1685–1753) stimmte mit John Locke darin überein, dass der Mensch Wissen nur durch Sinneseindrücke erlange (siehe S. 36–37). Da aber das Erleben von Eigenschaften wie Geschmack und Farbe von Mensch zu Mensch variiere, sei es nicht sicher, so Berkeley, dass wir alle die Welt auf dieselbe Weise wahrnehmen. Er kam zu dem Schluss, dass die Realität ausschließlich aus dem Geist und dessen Vorstellungen oder Ideen bestehe – eine Theorie, die als subjektiver Idealismus bekannt ist – und dass sich der Glaube an die Existenz einer materiellen Welt nicht rechtfertigen ließe.

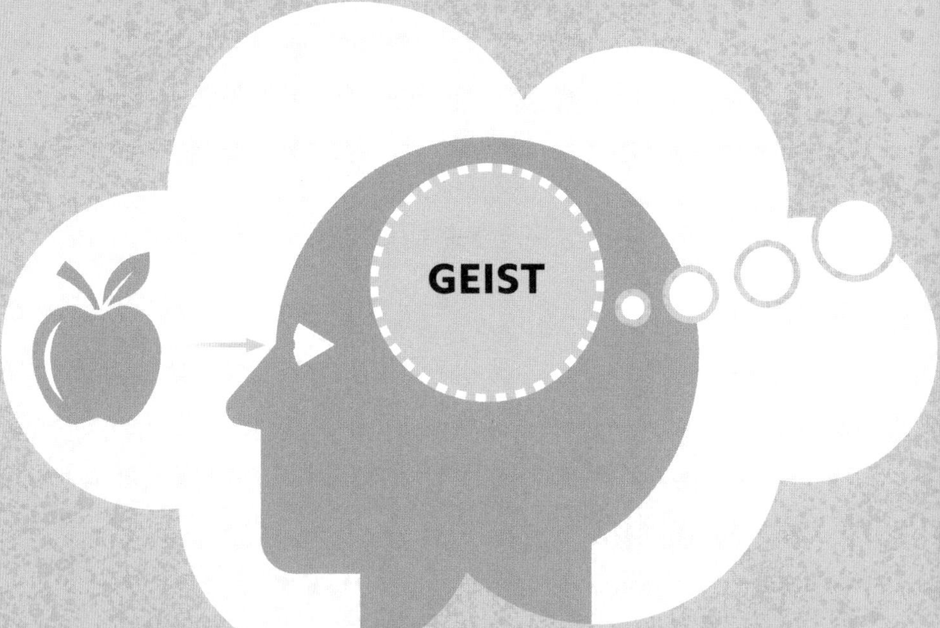

Subjektive Vorstellungen
Berkeley vertrat die Ansicht, dass materielle Objekte nicht existieren, sondern nur Vorstellungen von Objekten, und das auch nur, während sie wahrgenommen werden.

Fiktives Selbst
Hume war der Auffassung, dass das Selbst lediglich ein Bündel von Eindrücken der Welt sei und nur dem Anschein nach eine feste Identität habe.

ES GIBT KEINE AUSSENWELT

David Hume (1711–1776) erklärte, Wissen werde durch Sinneseindrücke gewonnen und sei niemals gewiss. Laut Hume könne sich der Mensch nie sicher sein, dass die Außenwelt existiere. Er stimmte mit George Berkeley darin überein, dass Menschen zwar Vorstellungen von der Welt hätten, aber nicht beweisen könnten, dass die Welt unabhängig von diesen Vorstellungen existiere (siehe links). Hume war der Ansicht, dass die Außenwelt und das »Selbst«, das sie wahrnimmt, vom Geist erdacht würden, um das menschliche Erleben in einen Zusammenhang einzuordnen.

»Ein kluger Mann bemisst seinen Glauben nach den Beweisen.«
David Hume

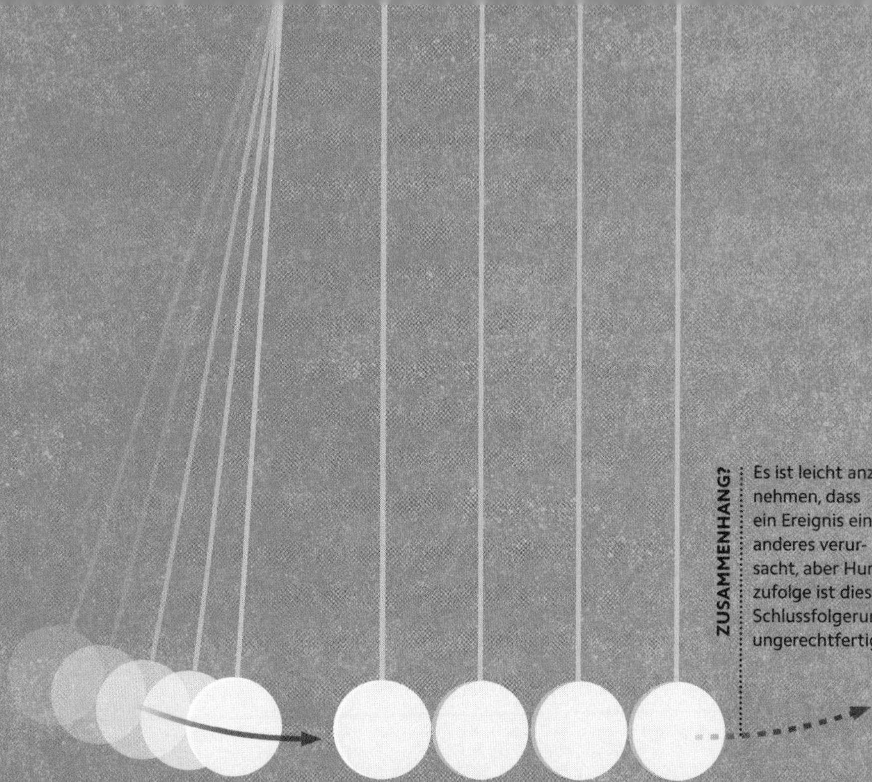

WISSENSCHAFTLICH?

David Hume vertrat die Ansicht, dass wir, egal wie oft wir sehen, dass ein Ereignis auf ein anderes folgt – z.B. dass ein Ball abprallt, sobald er den Boden berührt –, niemals davon eine allgemeine Aussage wie »Bälle prallen vom Boden ab« ableiten könnten. Denn es sei immer möglich, dass eines Tages das zweite Ereignis nicht auf das erste folge. Er argumentierte, dass wir zwar eine »konstante Konjunktion« von Ereignissen erleben (d.h. Ereignisse, die zusammen auftreten), es aber nicht unbedingt einen Zusammenhang zwischen ihnen gebe. Humes Theorie stellte das Wesen der Wissenschaft infrage. Die wissenschaftliche Methode (siehe S. 150) bedient sich der Induktion: Sie zieht allgemeine Schlussfolgerungen über die Welt aus einzelnen Beobachtungen, und zwar auf ebenjene Weise, die Hume für unbegründet hielt.

HUMES GABELUNG

Nach einer später als »Humes Gabelung« bezeichneten Unterteilung unterschied David Hume zwei Arten von Wahrheiten: »Beziehungen von Vorstellungen« und »Tatsachen«. Beziehungen von Vorstellungen (z. B. »Die Winkel in einem Dreieck ergeben 180°.«) sind notwendige Wahrheiten. Sie sind per Definition wahr und können daher nicht widerlegt werden. Tatsachen (z. B. »Es regnet.«) sind kontingente Wahrheiten. Sie sind nicht definitionsgemäß wahr, sondern je nach Kontext wahr oder falsch. Laut Hume sind nur die Beziehungen von Vorstellungen gewiss, Tatsachen (zu denen auch wissenschaftliche Aussagen gehören) können sich als falsch erweisen (siehe links).

ZWEI ARTEN VON WISSEN

Immanuel Kant (1724–1804) unterschied zwischen apriorischem Wissen, das unabhängig von der Erfahrung ist, und aposteriorischem Wissen, das durch Sinneseindrücke gewonnen wird. Wie David Hume (siehe S. 41) ordnete Kant dem apriorischen Wissen Vorstellungen zu, die per Definition wahr sind (z. B. »Alle Kreise sind gekrümmt.«), aber für ihn gehören dazu auch allgemeine Vorstellungen über die Welt (z. B. »Jedes Ereignis hat eine Ursache.«). Das aposteriorische Wissen umfasst wissenschaftliche Aussagen (z. B. »Die Sonne besteht aus Gas.«) und kann nur durch Erfahrung erworben werden.

ZWEI ARTEN VON AUSSAGEN

Laut Immanuel Kant (siehe links) gibt es zwei Arten von Aussagen. Eine analytische Aussage (z.B. »Alle Kreise sind rund.«) ist eine Aussage, die definitionsgemäß wahr ist und damit dem apriorischen Wissen zuzurechnen ist. Eine synthetische Aussage (z.B. »Alle Planeten sind rund.«) liefert Informationen, die über die begriffliche Definition hinausgehen, und beruht daher auf aposteriorischem Wissen. Kant befand jedoch auch, dass es synthetische apriorische Aussagen gibt (z.B. »Gegenstände haben einen Ort.«), die wahr sein müssen, aber mehr als eine reine Begriffsdefinition darstellen.

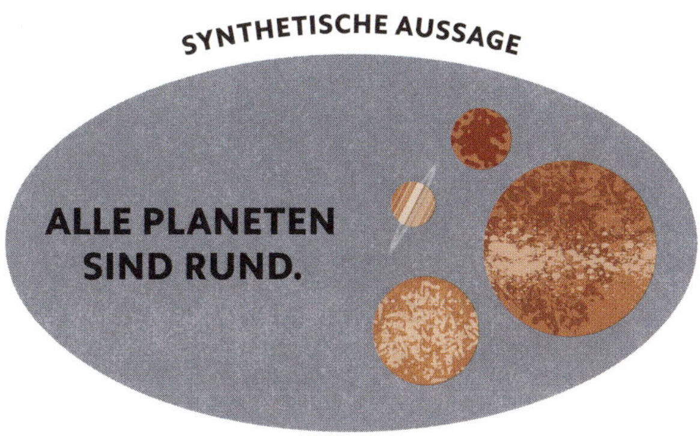

UNSER GEIST FORMT DIE WELT

Immanuel Kant nahm an, dass sowohl der Rationalismus als auch der Empirismus (siehe S. 34–37) in Teilen begründet seien. Er argumentierte, dass wir Wissen zwar durch Erfahrung erlangen, unser Verstand aber darauf ausgelegt sei, die Welt auf eine bestimmte Weise wahrzunehmen. So erfasse ein Kind die Begriffe »hier« und »jetzt«, weil es ein angeborenes Verständnis der Begriffe »Raum« und »Zeit« habe. Kant behauptete, dass wir unsere beiden angeborenen »Anschauungen« von Raum und Zeit auf Objekte übertragen und sie dann in diesem Sinn interpretieren. Außerdem führte er zwölf weitere »Kategorien« auf, die es uns ermöglichen, unsere Wahrnehmung der Welt zu strukturieren. Dazu gehören die Begriffe »Realität«, »Einheit« und »Dasein-Nichtsein«.

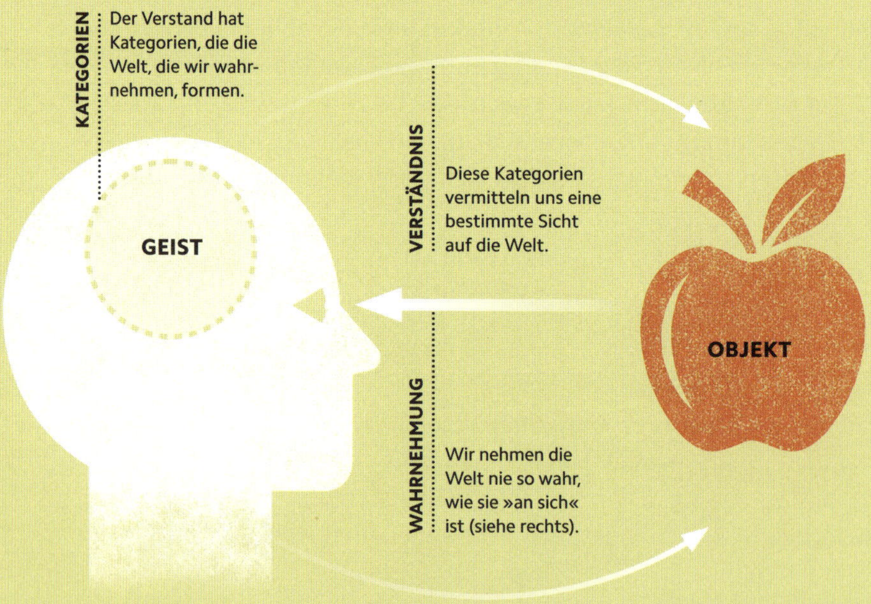

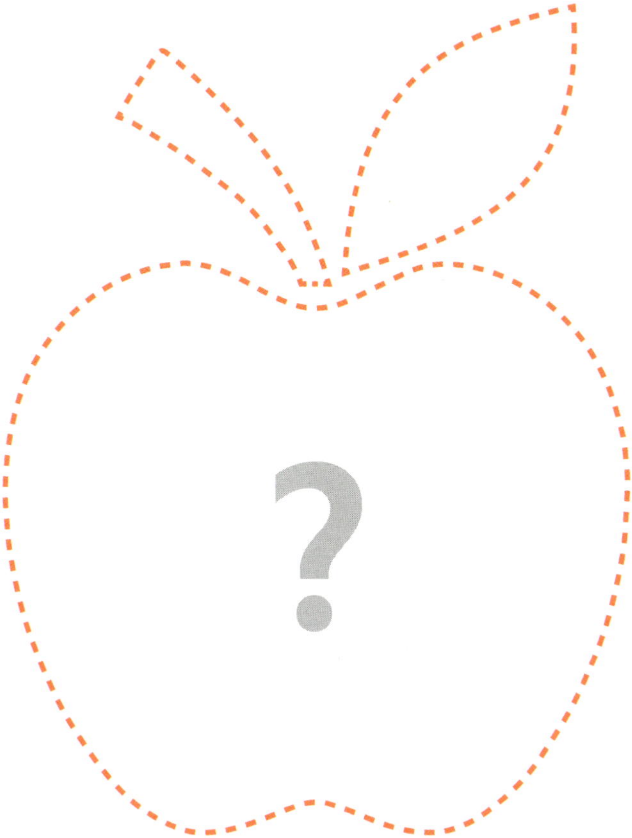

DINGE AN SICH

Immanuel Kant behauptete, dass die Welt von unserem Verstand geformt werde – dass alles, was wir erleben, durch unsere Verstandeskategorien gefiltert werde (siehe links). Das bedeutet, dass eine Person, die einen Apfel betrachtet, diesen nicht »an sich« wahrnimmt, sondern ein Abbild davon: Der eigentliche Apfel ist nicht erfahrbar. Kant nannte die Welt, wie wir sie durch diese Abbilder wahrnehmen, die »phänomenale Welt« und stellte sie der »noumenalen Welt«, d.h. der unerfahrbaren Welt der Dinge an sich, gegenüber.

DIE WELT IST GEIST

Georg Hegel (1770–1831) vertrat die Auffassung, wenn die reale Welt nicht erfahrbar wäre (siehe S. 45), gäbe es keinen Grund für die Aussage, dass sie überhaupt existiere. In seiner Theorie des absoluten Idealismus erklärte er, dass sich die Welt nicht in Gedanken und Objekte unterteile, sondern alles Teil einer einzigen Realität sei, die er »Geist« nannte. Dieses universale Bewusstsein entwickle sich durch einen Prozess ständig weiter, den Hegel als »Dialektik« bezeichnete (siehe rechts). Hegel zufolge steht der Mensch im Mittelpunkt dieses Prozesses: Erkennt der Mensch als Teil des Geistes, dass alles Geist ist, wird sich also der Geist seiner selbst bewusst.

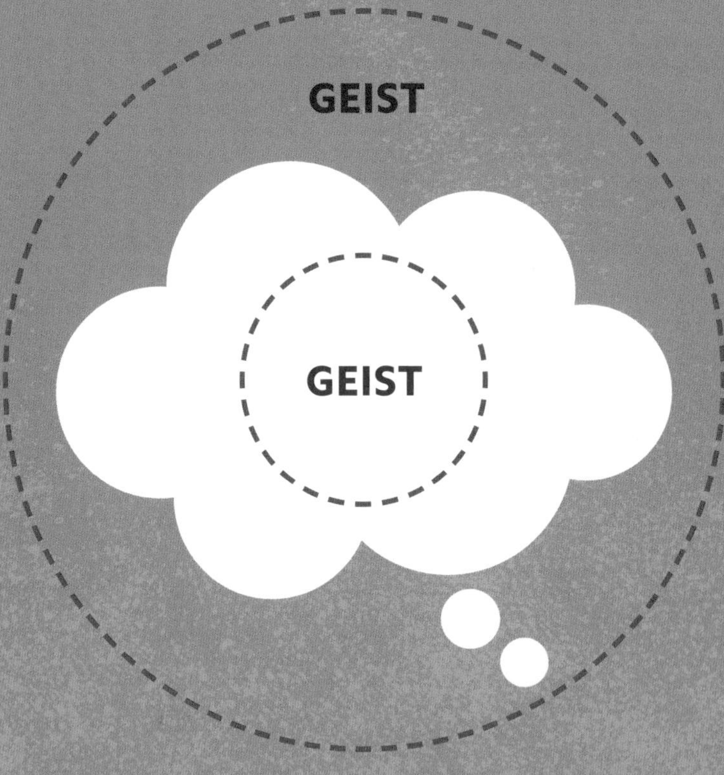

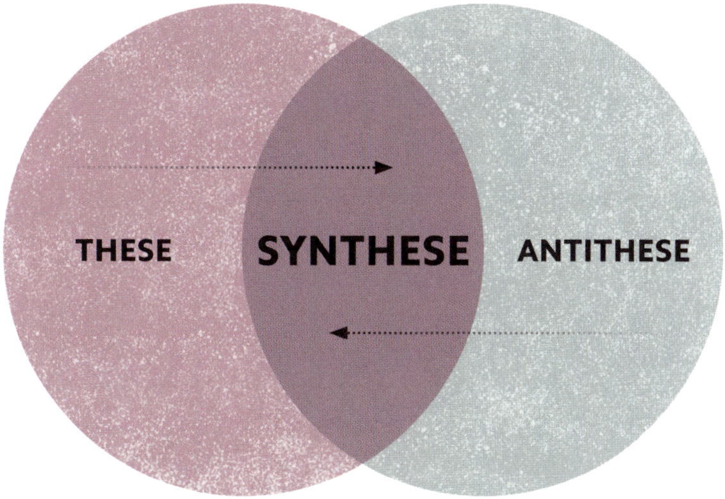

REALITÄT IST EIN PROZESS

Georg Hegel bezeichnete den Prozess, durch den sich der Geist entwickelt (siehe links), als »Dialektik«. Damit meinte er einen Vorgang, bei dem eine ursprüngliche Vorstellung (These) eine gegenteilige Vorstellung (Antithese) nach sich zieht und aus beiden Positionen zusammen eine neue, reifere Vorstellung (Synthese) hervorgeht. So führt das Konzept »Tyrannei« zu ihrem Gegenteil, »Anarchie«, und beide bilden in dem Konzept »Recht und Gesetz« eine Synthese. Hegel argumentierte, dass der Geist durch die Dialektik immer höhere Formen seiner selbst hervorbringe. Er sagte voraus, dass der Geist eines Tages das »Absolute« erreichen werde – den Zeitpunkt, an dem all seine Widersprüche aufgehoben sind und er in den Zustand zurückkehrt, in dem er sich zu Beginn der Dialektik befand, bevor er sich »an die Zeit entäußerte«. Hegel war der Ansicht, das Absolute sei nahe und die Geschichte habe daher ihren Zweck erfüllt und sei »zu Ende«.

VORSTELLUNG

Laut Schopenhauer ist die Welt, die wir erleben, nur eine Vorstellung der Welt, wie sie »an sich« ist.

WILLE

Die Welt »an sich« ist Wille: ein unbewusster Drang, zu leben und sich selbst auszudrücken.

»Die Welt ist meine Vorstellung.«
Arthur Schopenhauer

INNERER DRANG

Arthur Schopenhauer (1788–1860) teilte Immanuel Kants Unterscheidung zwischen phänomenaler und noumenaler Welt, d.h. zwischen wahrgenommener Welt und der Welt »an sich« (siehe S. 45). Anders als Kant hielt er die noumenale Welt jedoch für erfahrbar. Er fand, die noumenale Welt sei »Wille«, ein blinder, zielloser Drang zu leben. Für Schopenhauer ist dieser Drang in allem vorhanden – sogar in der Schwerkraft. Er ist das Wesentliche der Welt, die wir wahrnehmen.

Eine Wahrheit
Für Nietzsche war der Tod Gottes das Ende der Vorstellung von einer einzigen, objektiven Wahrheit.

In *Die fröhliche Wissenschaft* verkündete Friedrich Nietzsche (1844–1900), dass Gott tot sei. Damit meinte er, dass die Vorstellung von einer »objektiven Wahrheit«, die Gott bis dahin repräsentierte, verstandesmäßig nicht mehr zu rechtfertigen sei. Stattdessen argumentierte er, dass das, was wir für »Wahrheit« halten, einfach eine Fiktion sei, die bestimmten Bedürfnissen diene. So glauben wir beispielsweise an den freien Willen nicht, weil wir frei sind, sondern weil wir Menschen für ihre Handlungen zur Verantwortung ziehen müssen. Laut Nietzsches Theorie, die als Perspektivismus bekannt ist, gibt es viele Wahrheiten, weil Wahrheit eine Frage der Perspektive ist.

GOTT IST TOT

Viele Wahrheiten
Nietzsche urteilte, dass es viele Wahrheiten gebe, von denen jede ein bestimmtes menschliches Bedürfnis zum Ausdruck bringe.

> **»Gott ist tot! Gott bleibt tot! Und wir haben ihn getötet.«**
> Friedrich Nietzsche

NÜTZLICHE WAHRHEIT

Charles Sanders Peirce (1839–1914) vertrat die Ansicht, dass es unmöglich sei, die Wirklichkeit vollständig und genau zu erfassen. Doch er glaubte, dass »die Wahrheit« hinsichtlich der Nützlichkeit von Vorstellungen bzw. deren praktischer Anwendung neu definiert werden könne. Diese als Pragmatismus bekannte Lehre wurde von William James (1842–1910) entwickelt, der zwischen Tatsachen und Wahrheiten unterschied. Für James sind Tatsachen einfache Aussagen über die Realität, während Wahrheiten Theorien über die Realität sind, die die Welt nicht notwendigerweise korrekt wiedergeben müssen, aber dennoch für einen bestimmten Zweck nützlich sind.

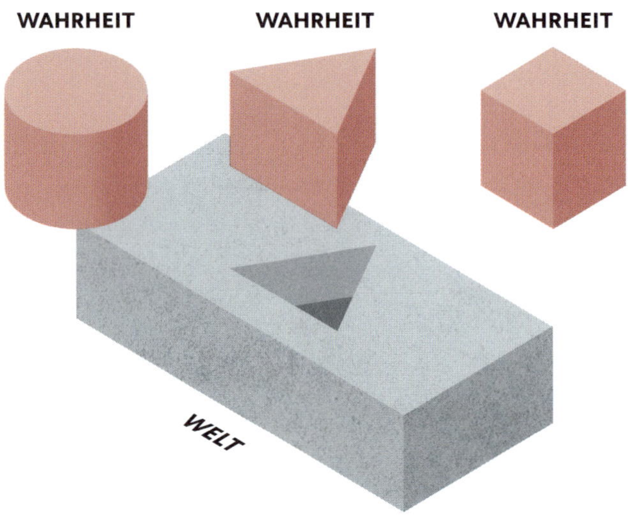

»Wahrheit ist für die Vorstellung ein Vorkommnis.«
William James

»Ein Ziel zu erreichen, ist der Ausgangspunkt für ein anderes.«
John Dewey

IDEEN ALS WERKZEUGE

Einer der ersten Philosophen, der sich mit dem Pragmatismus (siehe links) auseinandersetzte, war John Dewey (1859–1952). Er entwickelte den von ihm so bezeichneten »Instrumentalismus«, wonach Vorstellungen keine Entsprechungen in der Realität haben müssen, sondern Werkzeuge sind, die uns in unserem Leben entweder helfen oder behindern. Er befand, dass die besten Ideen diejenigen sind, durch die wir uns an unsere Umwelt anpassen können.

SEIN U
SPRACH

N D

E

Anfang des 20. Jh. wurde die Philosophie zunehmend von zwei Denkschulen beherrscht: der »kontinentalen« Tradition auf dem europäischen Festland und dem aufkommenden britischen »analytischen« Ansatz. Die Kontinentalphilosophie knüpfte an die Werke von René Descartes und Immanuel Kant an und konzentrierte sich insbesondere auf Fragen zur Natur der Erfahrung. Die Analytische Philosophie unter Führung von Gottlob Frege und Bertrand Russell legte den Schwerpunkt hingegen auf die Analyse der logischen Struktur der Sprache. Diese beiden heute noch aktiven Strömungen nähern sich der Philosophie auf grundlegend verschiedene Weise.

WAS MEINEN WIR?

Jahrhundertelang glaubte die Astronomie, dass die Ausdrücke »Morgenstern« und »Abendstern« für verschiedene Sterne stehen, obwohl es sich bei beiden um den Planeten Venus handelt. Für Gottlob Frege (1848–1925) zeigte dieses Beispiel, dass der von ihm so genannte »Sinn« eines Wortes nicht an das Objekt gebunden sei, auf das er verweist. Frege unterschied zwischen dem »Sinn« eines Wortes, dessen »Art des Gegebenseins«, und seiner »Bedeutung« – das, worauf es sich bezieht. »Morgenstern« und »Abendstern« haben denselben Bezugsgegenstand – die Venus –, aber je nach Kontext von »Morgen« und »Abend« einen verschiedenen »Sinn«.

SPRACHE ZERLEGEN

Bertrand Russell (1872–1970) war der Ansicht, dass Sprache irreführend sein kann und die Aufgabe der Philosophie darin bestehe, ihre logische Struktur zu analysieren. So wies er darauf hin, dass beispielsweise die Aussage »Der derzeitige König von Frankreich ist kahl.« zwar sinnvoll erscheint, aber eindeutig nicht wahr ist. Das wirft jedoch ein logisches Problem auf: Das Gegenteil der Aussage »Der derzeitige König von Frankreich ist nicht kahl.« ist ebenso offensichtlich nicht wahr. Russell führte aus, dass der erste Satz drei Aussagen enthalte: Es gibt einen König von Frankreich, es gibt nur einen König von Frankreich und der König von Frankreich ist kahl. Auf diese Weise lässt sich die Schwachstelle des Satzes erkennen: Die erste Aussage ist falsch, denn Frankreich hat keinen König.

Zugrundeliegende Struktur
Russell erklärte, der Satz »Der derzeitige König von Frankreich ist kahl.« bestehe eigentlich aus drei eigenständigen Aussagen.

SACHLICHE AUSSAGE

DIESES RECHTECK IST BLAU.

LOGISCHE AUSSAGE

RECHTECKE HABEN VIER SEITEN.

WAHRHEIT UND BEDEUTUNG

Eine als Wiener Kreis bekannte Denkschule des 20. Jh. begründete den logischen Empirismus mit dem Ziel, der Philosophie eine wissenschaftliche Grundlage zu geben. Sie vertrat die Auffassung, dass die Bedeutung eines Satzes in der Methode seiner Verifikation liege, also wie er als wahr bewiesen werden kann. Sachliche Aussagen können durch Beobachtung und logische Aussagen durch rationales Denken verifiziert werden. Jede andere Art von Aussage – etwa eine Aussage über ästhetische Vorlieben – kann nicht verifiziert werden und ist daher bedeutungslos.

BEDEUTUNGSLOSE AUSSAGE

RECHTECKE SIND SCHÖN.

DIE WELT ABBILDEN

Am Anfang seines Schaffens war Ludwig Wittgenstein (1889–1951) der Ansicht, dass die Funktion der Sprache darin bestehe, die Wirklichkeit abzubilden, die sich seiner Meinung nach aus Verbindungen von Dingen (»Sachverhalten«) zusammensetze. Er behauptete, dass ein sinnvoller Satz ein Satz sei, der sich auf Aussagen über einfache Sachverhalte oder »Bedeutungsatome« (z.B. »ein Apfel« oder »ein Tisch«) reduzieren lässt, und dass daher jeder Satz, der keinen beobachtbaren Sachverhalt darstellt – weil er beispielsweise stattdessen einen Wert ausdrückt – »sinnlos« sei. Er fand jedoch auch, dass Kunstwerke das Unaussprechliche zeigen können, und zwar auf eine Weise, die er als »mystisch« bezeichnete.

Sinnvoll sein
Wittgenstein war der Ansicht, dass die Sprache die Wirklichkeit widerspiegele und ein sinnvoller Satz daher ein »Bild« der Welt sei.

ZIEGEL SIND SCHÖN.

DAS IST EIN ZIEGEL.

DAS SIEHT WIE EIN ZIEGEL AUS.

Ein Wort, viele Anwendungen
Laut Wittgenstein kann das Wort »Ziegel« als Ein-Wort-Satz fungieren. Je nachdem, wie es verwendet wird, kann seine Bedeutung ein Objektname, eine Aufforderung, eine Frage, ein Vergleich oder eine Warnung sein.

ZIEGEL

ACHTUNG: HERABFALLENDE ZIEGEL

HOL MIR EINEN ZIEGEL!

BRAUCHST DU EINEN ZIEGEL?

WORTGEBRAUCH

In seinem Spätwerk erklärte Ludwig Wittgenstein, die Annahme, die Bedeutung eines Wortes sei der Gegenstand, für den es stehe, sei ein Irrtum (siehe S. 54, 57). Stattdessen befand er nun, dass sich die Bedeutung eines Wortes nach dessen Gebrauch bemesse und das Erlernen der Sprache wie das Erlernen einer Reihe von Spielen sei. Diese »Sprachspiele«, wie er sie nannte, sind gesellschaftlich vereinbarte Arten des Wortgebrauchs (siehe rechts), die es uns ermöglichten, nicht nur Objekte zu benennen, sondern auch Gefühle auszudrücken und Menschen zu beeinflussen. Für Wittgenstein ist das Sprechen eine »Lebensform« – ein Handlungsmuster und nicht nur eine Art, Objekte zu kategorisieren.

ES GIBT KEINE PRIVATSPRACHE

In seinem Spätwerk formulierte Ludwig Wittgenstein zudem, dass ein Großteil der modernen Philosophie auf der falschen Annahme beruht, dass es etwas gebe, das ein Individuum aus seinem inneren Empfinden wissen könne – zum Beispiel die Gewissheit von René Descartes, dass er existiert (siehe S. 32). Wittgenstein urteilte, dass solche privaten Gedanken unmöglich wären, denn Gedanken manifestierten sich in Sprache, und Sprache habe nur in einer Sprachgemeinschaft Bedeutung (siehe links). Er kam zu dem Schluss, dass es keine subjektive Bedeutung gebe und ein inneres Erleben nicht zu Gewissheiten führen könne (siehe S. 83).

»Und eine Sprache vorstellen heißt, sich eine Lebensform vorstellen.«

Ludwig Wittgenstein

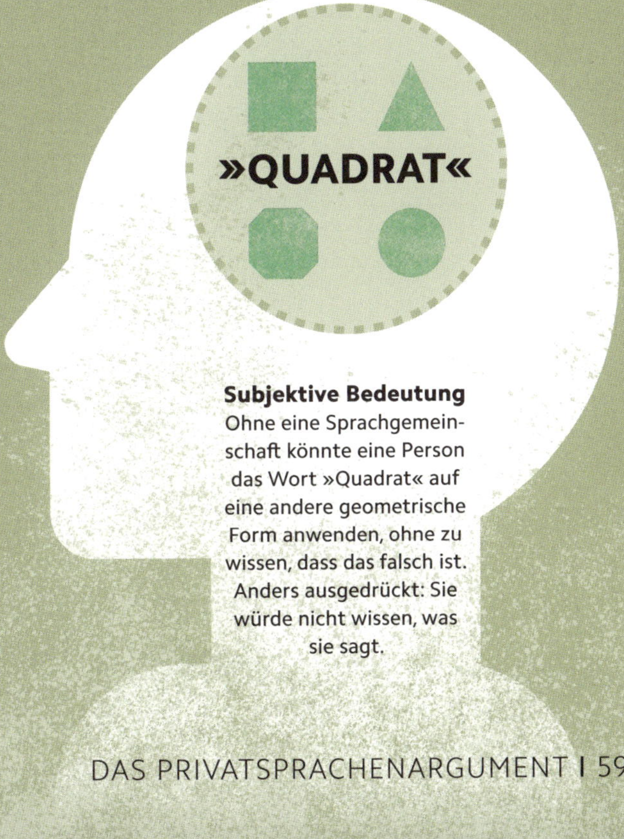

Subjektive Bedeutung
Ohne eine Sprachgemeinschaft könnte eine Person das Wort »Quadrat« auf eine andere geometrische Form anwenden, ohne zu wissen, dass das falsch ist. Anders ausgedrückt: Sie würde nicht wissen, was sie sagt.

DIE BEDEUTUNG VON »ICH«

Ludwig Wittgenstein glaubte, dass philosophische Probleme durch den falschen Gebrauch von Sprache entstehen (siehe S. 59). Wenn etwa ein Lehrer fragt, »Wer hat die Kreide gestohlen?«, und eine Schülerin sagt, »Ich war das«, dann benutzt sie das Wort »ich«, um sich vom Rest der Klasse zu unterscheiden. Als René Descartes jedoch proklamierte, »Ich denke, also bin ich«, benutzte er das Wort »ich«, um sein denkendes Ich von seinem Körper abzugrenzen (siehe S. 32). Für Wittgenstein war das ein Beispiel dafür, dass die Sprache »feiert«. Er befand, dass philosophische Probleme sich auflösen, wenn wir Sprache auf normale Weise verwenden, wie die Schülerin.

»Ich« in der Philosophie
Wittgenstein dachte, dass die Philosophie Wörter wie »ich« auf ungewöhnliche Weise gebrauche und dadurch philosophische Probleme aufwerfe.

SIND ALLE SCHWÄNE WEIß?

Karl Popper (1902–1994) vertrat die Auffassung, dass eine Theorie nur dann wissenschaftlich sein könne, wenn es Bedingungen gebe, unter denen sie sich als falsch erweist. Als Beispiel nahm er die Theorie »Alle Schwäne sind weiß«, die wissenschaftlich ist, weil die Sichtung eines einzigen schwarzen Schwans sie widerlegen würde. Popper verwarf die traditionelle Vorstellung, dass die Wissenschaft den Wahrheitsgehalt ihrer Theorien beweisen müsse. Stattdessen schlug er vor, dass eine Theorie nur dann als wissenschaftlich gelten könne, wenn sie sich durch mögliche Beweise falsifizieren lässt.

BEWUSSTSEIN IST INTENTIONAL

René Descartes (siehe S. 32–33) und viele Empiristinnen und Empiristen (siehe S. 36) behaupteten, die Vorstellungen in unserem Geist seien wie Bilder. Das warf die Frage auf, wie solche Bilder mit dem zusammenhängen, was außerhalb des Geistes ist. Franz Brentano (1838–1917) umging dieses Problem, indem er argumentierte, dass das Bewusstsein »intentional« oder immer auf etwas gerichtet sei. Anders ausgedrückt: Er ging davon aus, dass die Objekte in der Welt nicht außerhalb des Bewusstseins liegen, sondern ein fester Bestandteil davon seien. Dies ermöglichte der Philosophie, das Bewusstsein als solches zu untersuchen, unabhängig davon, in welcher Beziehung Vorstellungen zur Wirklichkeit stehen. Brentano bezeichnete diese Lehre als »Phänomenologie«.

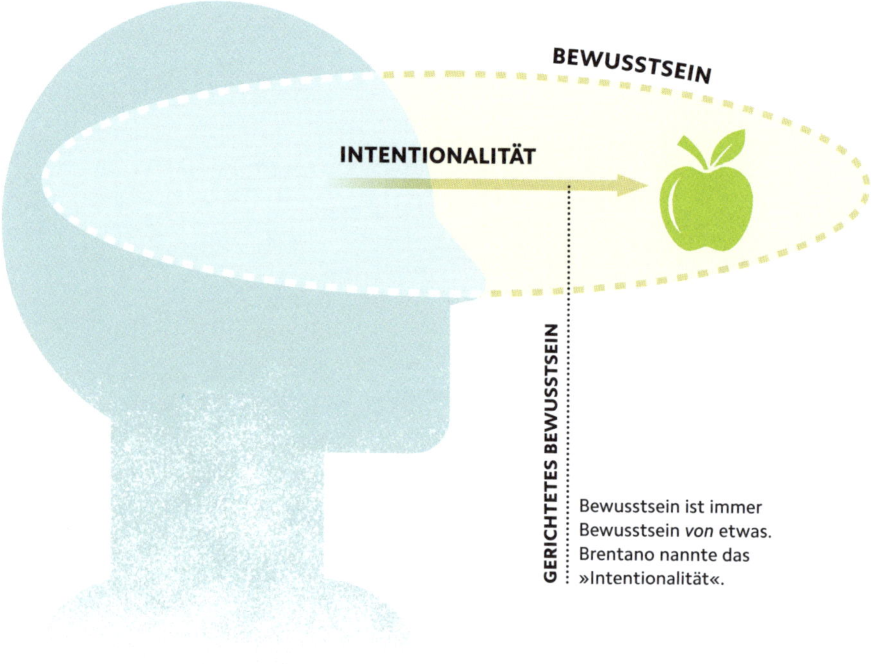

Bewusstsein ist immer Bewusstsein *von* etwas. Brentano nannte das »Intentionalität«.

BEWUSSTSEIN UNTERSUCHEN

Im Allgemeinen gehen wir davon aus, dass ein Gegenstand, wie z. B. ein Apfel, in der Welt existiert, etwas, das sich jemand vorstellt, jedoch nicht. Edmund Husserl (1859–1938) nannte diese Annahmen »natürliche Einstellung«. Um zu einer »reinen« Phänomenologie des Bewusstseins zu gelangen (siehe links), entwickelte er eine Methode, die den Einfluss solcher Annahmen minimieren soll. Er benutzte das griechische Wort »*epoché*« (»einklammern«) zur Beschreibung dieser Methode, die darin besteht, unsere vorgefassten Urteile über das Bewusstsein beiseitezulassen. So geben wir sie zwar nicht auf, aber verhindern, dass sie unsere Analyse des Bewusstseins beeinträchtigen.

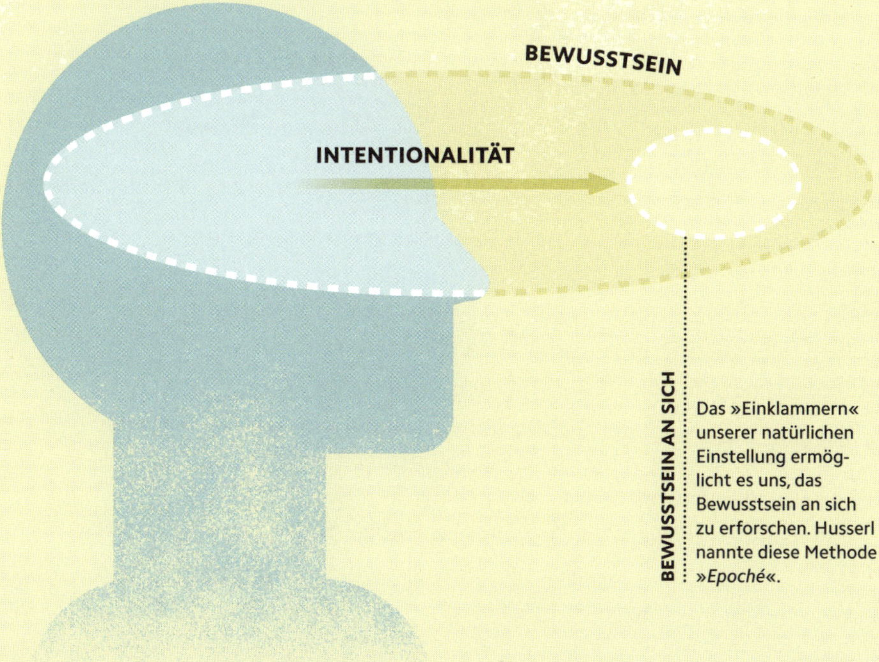

Das »Einklammern« unserer natürlichen Einstellung ermöglicht es uns, das Bewusstsein an sich zu erforschen. Husserl nannte diese Methode »*Epoché*«.

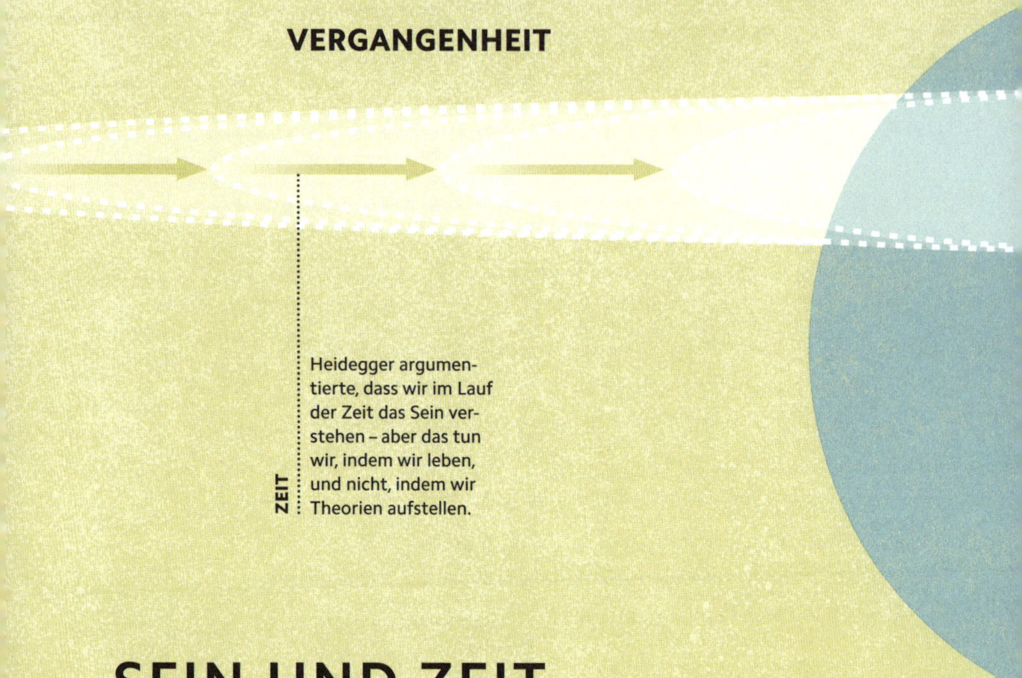

Heidegger argumentierte, dass wir im Lauf der Zeit das Sein verstehen – aber das tun wir, indem wir leben, und nicht, indem wir Theorien aufstellen.

SEIN UND ZEIT

Martin Heidegger (1889–1976) glaubte, dass der Mensch ständig auf etwas gerichtet sei, also auf materielle Objekte (z. B. Apfelbäume) und insbesondere auf zukünftige Ziele (z. B. die Apfelernte). Er verwendete den Begriff »Dasein« oder »In-der-Welt-Sein« zur Beschreibung des Menschen und erklärte, dass das Dasein sich über die Zeit erstrecke – von den Bedingungen, die vor der Gegenwart existierten, bis in die Zukunft. Heidegger zufolge habe auch unsere Erkenntnisfähigkeit eine zeitliche Erstreckung: Etwas zu verstehen bedeute nicht, eine genaue Theorie darüber zu bilden, sondern vielmehr, dass es bereits ein fester Bestandteil unseres Lebens sei. Ebenso befand er, aufgrund dieser Zeitlichkeit des Daseins sei die Zeit selbst das Mittel, mit dem das Sein verstanden werden könne.

BEGRENZTHEIT Authentisch zu leben bedeutet für Heidegger, das Erleben innerhalb seiner zeitlichen Begrenztheit anzunehmen.

> **»Die Frage der Existenz ist immer nur durch das Existieren selbst ins Reine zu bringen.«**
> Martin Heidegger

SICH SELBST ERSCHAFFEN

Sartre glaubte, dass wir Menschen keine bestimmte »Essenz« (Wesenheit) haben, sondern selbst entscheiden können, wer wir sein wollen.

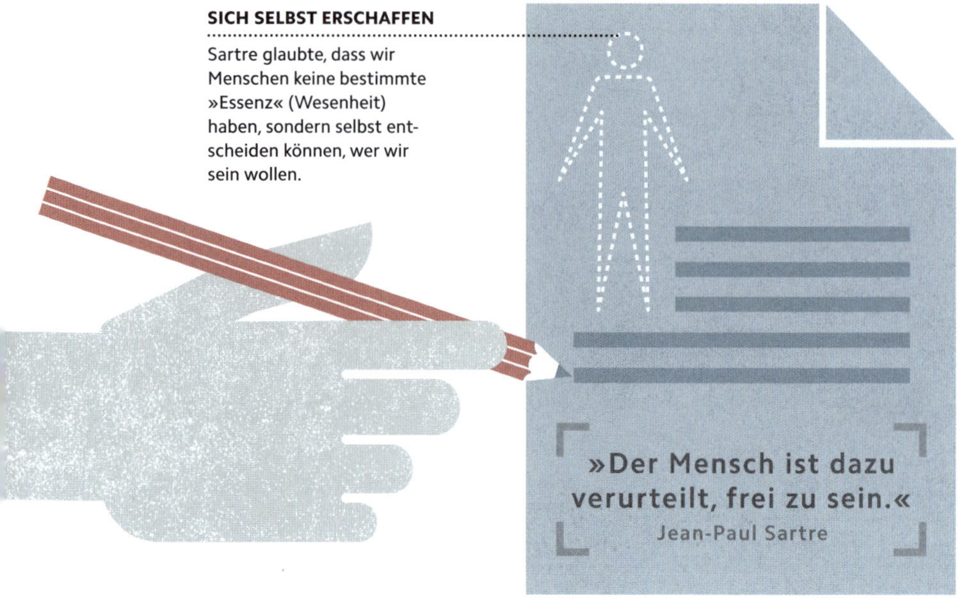

ABSURDITÄT UND ANGST

Jean-Paul Sartre (1905–1980) urteilte, dass sich der Mensch in zweierlei Hinsicht von allem anderen unterscheide. Erstens, argumentierte er, haben Menschen keine bestimmte »Essenz« (Wesenheit) und keinen bestimmten Zweck, wie Aristoteles behauptet hatte (siehe S. 20–22). In Ermangelung einer Essenz sei die menschliche Existenz daher »absurd«. Zweitens, erklärte er, sind Menschen nicht Naturgesetzen unterworfen, wie dem Gesetz von Ursache und Wirkung. Stattdessen sind sie in jedem Moment frei, auch wenn diese Erkenntnis ihnen »Angst« bereite. Sartre vertrat die Ansicht, dass ein Mensch nur dann wirklich Mensch – oder wie er sagte, »authentisch« – sein könne, wenn er lerne, mit Absurdität und Angst zu leben.

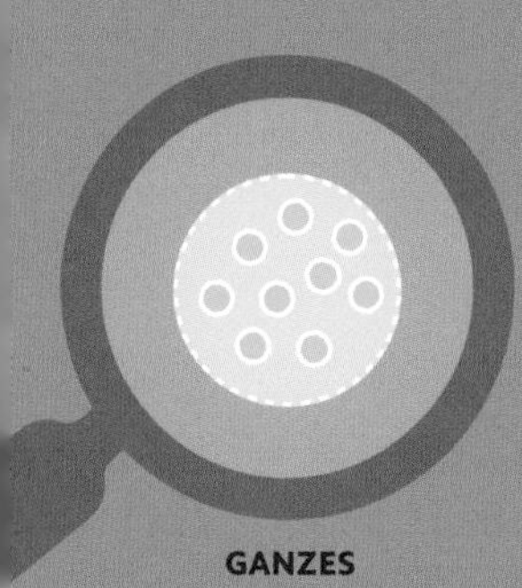

Allgemeine Untersuchung
Etwas in seiner Gesamtheit zu begreifen hilft uns, dessen Teile zu verstehen.

VERSTEHEN

GANZES

TEIL

VERSTEHEN IST ZIRKULÄR

Die Hermeneutik ist die Theorie des Verstehens. Ihr wichtigstes Prinzip ist, dass das Verstehen eine zirkuläre Struktur hat. Wenn wir zum Beispiel etwas fragen, wissen wir bereits etwas über die Antwort – denn wir wissen, dass es eine Frage zu stellen gibt. Um etwas als Ganzes zu erfassen, müssen wir zunächst dessen Teile verstehen, und um einen Teil zu verstehen, müssen wir das Ganze begreifen. Verstehen ist also ein fortlaufender, zirkulärer Prozess, bei dem wir unsere Annahmen verfeinern und so unser Bild von der Welt verändern.

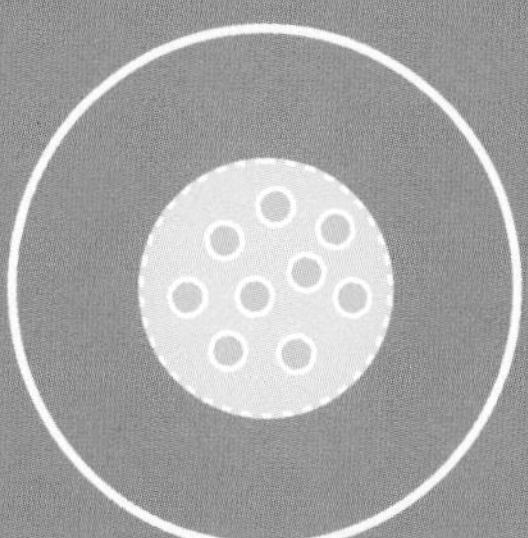

VERSTEHEN

Genaue Untersuchung
Die Teile von etwas zu verstehen hilft uns, es in seiner Gesamtheit zu erfassen.

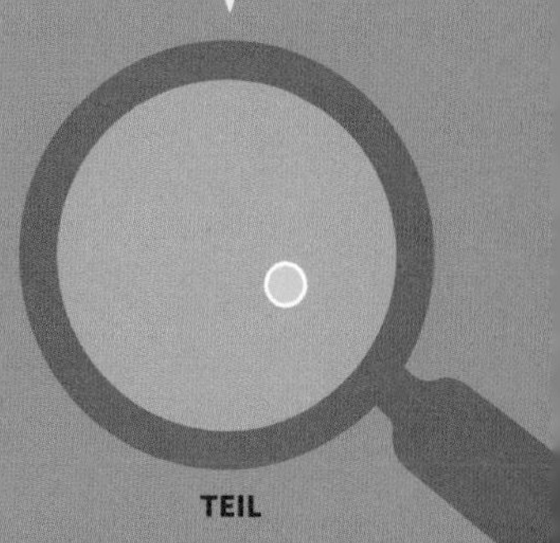

GANZES

TEIL

WEIBLICHKEIT DEFINIEREN

Als Existentialistin (siehe S. 66) hätte Simone de Beauvoir (1908–1986) eigentlich glauben müssen, dass der Mensch sich frei entfalten könne. Aber sie vertrat die Ansicht, dass Frauen keine absolute Freiheit haben. Sie befand, dass Frauen durch eine patriarchalische Kultur eingeschränkt werden, in der Männer Subjekte und frei in ihrem Sehen und Handeln sind, während Frauen Objekte sind, die gesehen werden und auf die eingewirkt wird. Diese Kultur fordere Frauen dazu auf, sich auf vorgeschriebene »weibliche« Weise zu verhalten. Wenn Mädchen aufwachsen, verinnerlichten sie ihre Rolle als Objekt und könnten dadurch unterdrückt werden. Für de Beauvoir werden Frauen von der Gesellschaft und nicht allein durch ihre Entscheidungen geformt.

Baby
Ein weibliches Baby wird oft als »hübsch«, statt als »stark« oder »energisch« bezeichnet.

Kleinkind
Wenn es heranwächst, wird es aufgefordert, sich wie ein »kleines Mädchen« zu benehmen.

Jugendliche
In der Pubertät wird ein Mädchen weiter sozialisiert und übt, »bescheiden« zu sein.

Erwachsene
Als Erwachsene hat sie gelernt, sich »wie eine Frau« zu verhalten und sich Männern unterzuordnen.

GENDER-PERFORMATIVITÄT

Aufbauend auf Simone de Beauvoirs Theorie (siehe links) erklärte Judith Butler (*1956), Geschlecht sei keine innere Realität oder ein natürlicher Zustand, sondern etwas, das eine Person tut. Laut Butler entstehe das Geschlecht durch wiederholte Handlungen, die als männlich oder weiblich gelten: Die Art, wie eine Person geht, spricht und sich verhält, führe dazu, dass sie entweder als männlich oder weiblich angesehen wird. Solche »Akte« werden von Geburt an eingeübt und Rollen werden durch starre soziale Normen durchgesetzt. Da Geschlechtsidentität etwas ist, das wir tun, kann sie durch Verhaltensweisen, die traditionelle Geschlechterrollen infrage stellen, unterlaufen werden. Für Butler ist auch der Körper nicht einfach weiblich oder männlich: Das biologische Geschlecht wird von kulturellen Erwartungen an das soziale Geschlecht geprägt.

HÖHERES WESEN

Der Humanismus der Aufklärung gestand dem Menschen eine fast gottgleiche Erkenntnisfähigkeit zu. Laut Foucault haben wir kein solches Vermögen.

DER MENSCH VERSCHWINDET

Während der Aufklärung (17.–19. Jh.) vertrat die europäische Philosophie die Ansicht, dass der Mensch im Wesentlichen vernunftbegabt und in der Lage sei, die Wahrheit über die Welt und sich selbst zu erkennen. Michel Foucault (1926–1984) widersprach dieser Vorstellung, die als Humanismus bekannt ist. Foucault zufolge werde die humanistische Sicht auf den Menschen verschwinden, »wie am Meeresufer ein Gesicht aus Sand«. Er argumentierte, dass sich das, was wir als »Vernunft« und »Wahrheit« bezeichnen, im Lauf der Zeit verändere: Es gebe keine unverrückbare Wahrheit über die Menschheit, die wir ausfindig machen können, aber wir *können* lernen, auf neue Weise zu denken und zu handeln.

BEDEUTUNG IST UNTERSCHIED

Der von Ferdinand de Saussure (1857–1913) entwickelte Strukturalismus lehnt die Auffassung des Empirismus (siehe S. 36) ab, wonach Sprache auf die Dinge der Welt Bezug nehme. Stattdessen argumentiert er, Sprache sei ein Zeichensystem, das unabhängig von Geist und materieller Realität existiere. So bestehe die Bedeutung des Wortes »Katze« nicht aus dem, worauf es sich in der Welt bezieht, sondern aus seiner »Differenz« zu anderen Wörtern. Diese Unterschiede bilden Bedeutungsstrukturen, durch die Menschen miteinander kommunizieren und sich auf das, was wahr ist, einigen (oder nicht einigen) können.

Einfache Struktur
In diesem Beispiel baut das Wort »Haustier« auf den Wörtern »Besitzerin« und »Katze« auf und bildet eine einfache Bedeutungsstruktur.

KEINE FESTE BEDEUTUNG

> »Wir alle sind Vermittler, Übersetzer.«
> Jacques Derrida

Mehrere Bedeutungen
In diesem Beispiel wird die Beschreibung eines Baumes durch eine Autorin von zwei verschiedenen Lesenden auf unterschiedliche Weise interpretiert.

Der Strukturalismus befand, die Bedeutung eines Wortes ergebe sich aus dem Unterschied zu anderen Wörtern (siehe S. 71). Der Poststrukturalismus urteilte, diese These ignoriere die Rolle, die Ton, Absicht und Kontext in der Kommunikation spielen. Außerdem kritisierte er die Annahme des Strukturalismus, Wörter wie »Konstrukt« und »Sprache« hätten unabhängig von den Strukturen, auf denen sie vermeintlich beruhen, eine feste Bedeutung. Laut Poststrukturalismus sei die Bedeutung eines Wortes viel offener, als der Strukturalismus glaube – und zwar in solchem Maße, dass wir die Vorstellung aufgeben sollten, Wahrheit, wie sie in der Sprache ausgedrückt wird, beziehe sich auf die Realität.

ES GIBT NICHTS AUSSERHALB DES TEXTES

Jacques Derrida (1930–2004) war einer der bekanntesten Vertreter des Poststrukturalismus (siehe links). Er kritisierte die abendländische Philosophie für ihre Annahme, dass feste Bezugspunkte für Wahrheit jemals »präsent« sein könnten. Derrida war der Meinung, dass dies Teil einer Illusion sei, die er als »Präsenzmetaphysik« bezeichnete. Er benutzte das Wort »Dekonstruktion« als Beschreibung des Prozesses, der diese Illusion aufdecke. Am Beispiel geschriebener Texte argumentierte Derrida, es sei unmöglich, die Bedeutung von Wörtern vollständig zu erfassen, da sie immer von den Bedeutungen anderer Wörter abhingen. Er sagte, es gebe nichts außerhalb des Textes, was dessen volle Bedeutung enthüllen könnte.

MIKRONARRATIV

Für Lyotard besteht die Wirklichkeit aus einer Reihe von Mikronarrativen, die auf lokalen Wahrheiten beruhen und nicht Teil einer einzigen, allumfassenden Geschichte sind.

LOKALE WAHRHEITEN

In seinem Buch *Das postmoderne Wissen* definierte Jean-François Lyotard (1924–1998) die Postmoderne als eine Haltung der »Ungläubigkeit gegenüber Metanarrativen«. Damit meinte er, dass wir nicht mehr an die großen Erzählungen glauben, mit denen wir uns einst die Welt erklärten – zum Beispiel die biblische Schöpfungsgeschichte, die marxistische Darstellung der Geschichte (siehe S. 128–129) oder den Fortschritt der Wissenschaft. In Ermangelung solcher Narrative interpretieren wir alle Ereignisse auf verschiedene Weisen, die Lyotard »Mikronarrative« nannte. Seiner Ansicht nach ist Gerechtigkeit wichtiger als Wahrheit: Wir müssen dafür sorgen, dass die Mikronarrative gehört und nicht sofort durch ein vermeintlich »universales« Narrativ zum Schweigen gebracht werden.

Thomas Kuhn (1922–1996) befand, dass die Wissenschaft unter normalen Umständen ein gemeinsames Verständnis oder »Paradigma« davon habe, wie die Welt funktioniert. Doch von Zeit zu Zeit, wenn sich Beweise gegen eine anerkannte wissenschaftliche Theorie häufen, gerät die Wissenschaft in eine Krise. Kuhn zufolge könne diese nur überwunden werden, wenn die Wissenschaft ihre Weltsicht anpassen könne – oder, wie er es ausdrückte, wenn das wissenschaftliche Denken einen »Paradigmenwechsel« vollziehe. Ein solcher trat ein, als man in der Physik Raum und Zeit nicht mehr als etwas Absolutes betrachtete (wie Newton es getan hatte), sondern als etwas Relatives (wie Einstein es formulierte). Für Kuhn entwickelt sich Wissenschaft nur durch Paradigmenwechsel.

WISSENSCHAFT PASST SICH AN

Sichtweise
Kuhn benutzte die »Ente-Hase-Kippfigur«, um einen Paradigmenwechsel zu veranschaulichen. Die Form kann als Hase (mit zwei Ohren) oder als Ente (mit offenem Schnabel) gesehen werden.

GEIST
MATER

U N D

E

Die Philosophie des Geistes befasst sich mit der Natur des Bewusstseins und der Beziehung zwischen Geist und Körper. Sie unterteilt sich in zwei Hauptströmungen – den Dualismus, wonach Geist und Körper zwei verschiedene Substanzen sind, und den Monismus, für den es nur eine Substanz gibt, und zwar entweder Materie oder Geist oder etwas, auf dem sowohl Körper als auch Geist beruhen. Einige argumentieren, dass das »Geist-Körper-Problem« – also die Frage, ob Geist und Körper unabhängig voneinander sind und wie sie interagieren – unlösbar sei. Für andere wiederum sollten wir die Vorstellung von »Geist« gänzlich aufgeben.

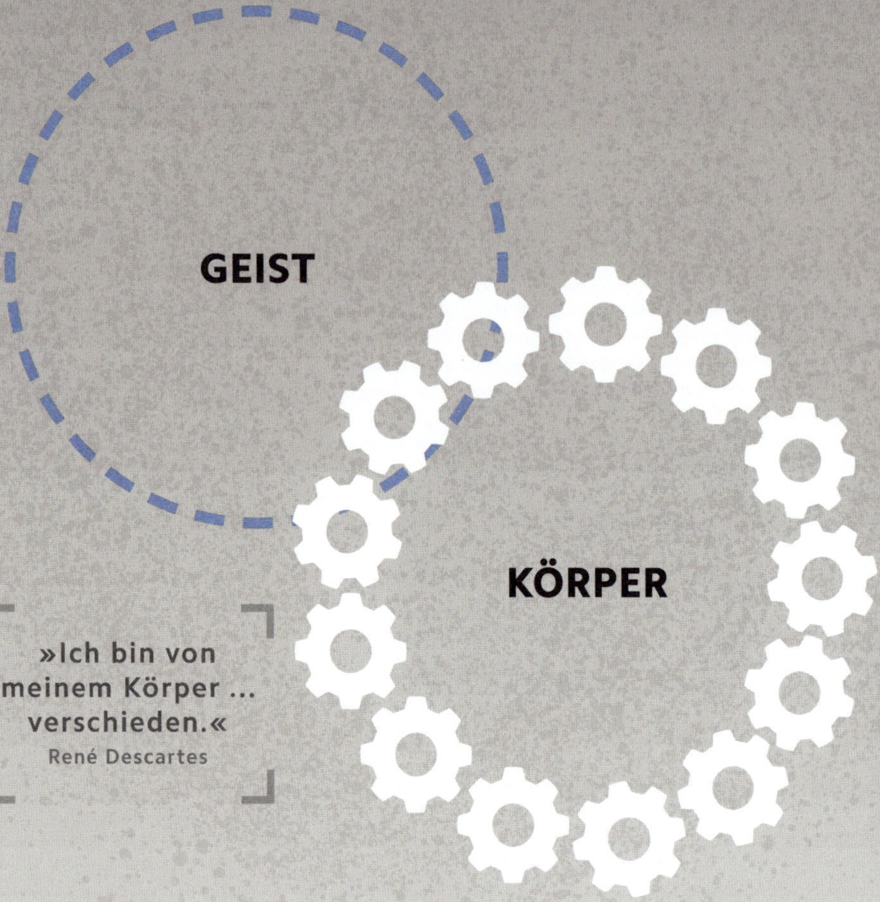

> »Ich bin von meinem Körper … verschieden.«
> René Descartes

GEIST UND KÖRPER

René Descartes urteilte, der Mensch bestehe aus zwei Substanzen: einem materiellen Körper und einem immateriellen Geist (siehe S. 33). Zu diesem Schluss kam er, weil für ihn das Universum zwar wie ein Uhrwerk funktioniert, der Mensch aber einzigartig frei sei. Seine Behauptung warf jedoch die Frage auf, wie Geist und Körper zusammenwirken. Descartes stellte sich vor, dass Geist und Körper in der Zirbeldrüse des Gehirns in Verbindung treten, für ihn der Ort, an dem all unsere Gedanken entstehen. Seine »Dualismus« genannte Theorie ist heute noch populär, auch wenn nicht gänzlich geklärt ist, wie Geist und Körper interagieren (siehe rechts).

Der Physikalismus lehnt die Vorstellung ab, dass Geist und Körper eigenständig seien (siehe links). Er argumentiert, dass materielle Objekte miteinander interagieren können, weil sie einen Ort und eine Masse haben – da aber ein immaterieller Geist weder das eine noch das andere hat, könne er nicht mit dem Körper zusammenwirken. Für den Physikalismus ist die Welt kausal geschlossen, d.h. eine Beschreibung der körperlichen Vorgänge im Gehirn und den Sinnen erkläre vollständig, was Ereignisse in unserem Geist hervorruft. Daher bezeichnete Gilbert Ryle (1900–1976) das dualistische Verständnis von Geist als »Geist in der Maschine« – anders ausgedrückt, als eine Illusion, die keinen Einfluss auf den Körper habe.

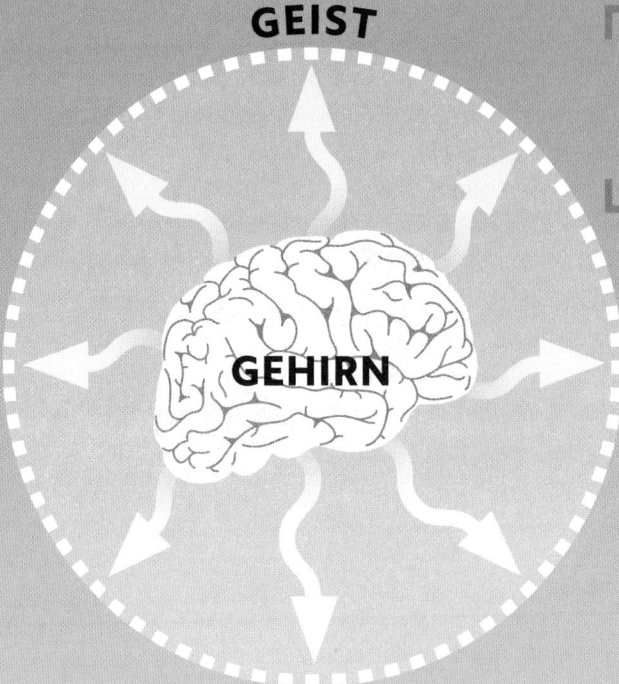

»Der bewusste Wille ist ein Symptom, keine Ursache.«
George Santayana

Nur Zuschauer
Dem Epiphänomenalismus zufolge könne der Geist den Körper nicht beeinflussen, sondern sei ein Nebenprodukt der physischen Prozesse des Körpers.

DER HILFLOSE GEIST

Viele Vertreterinnen und Vertreter des Dualismus (siehe S. 78) erkennen an, dass der Geist, weil er immateriell ist, nicht mit dem Körper interagieren könne. Demnach ist der Geist ein hilfloses Epiphänomen oder Nebenprodukt des Gehirns. T. H. Huxley (1825–1895) teilte diese Ansicht und verglich den Geist mit der Pfeife einer Dampflokomotive, deren Ton zwar durch die Antriebsmaschine erzeugt wird, die aber an der Bewegung des Zuges nicht beteiligt ist. Der Epiphänomenalismus argumentiert, wenn der Geist keine Macht über den Körper habe, dann sei der freie Wille eine Illusion. Jüngste wissenschaftliche Forschungen scheinen diesen Gedanken zu stützen: Einige Studien zeigten eine erhebliche Aktivität im Gehirn des Menschen bis zu zwei Sekunden, bevor er sich bewusst wird, dass er eine Entscheidung trifft.

MENSCH ODER ZOMBIE?

Viele Philosophinnen und Philosophen argumentieren, dass wir, wenn Wissen auf Wahrnehmung beruht, nie sicher sein können, dass andere Menschen ein Bewusstsein haben – weil wir immer nur ihren Körper, nicht aber ihren Geist wahrnehmen können. Wir nehmen an, dass andere Menschen ein Bewusstsein und ein Innenleben wie wir haben, aber sie könnten in Wirklichkeit Zombies sein, die sich einfach wie Menschen verhalten. Obwohl wir glauben, dass andere Menschen einen Geist haben, weil sie wie wir auf die Welt reagieren (z.B. vor Schmerz aufschreien oder lachen), könnten ihre Reaktionen rein mechanisch und ohne Beteiligung eines Bewusstseins ablaufen.

Unterschiedliche Perspektiven
Wir können uns nicht sicher sein, wie andere Menschen einen Apfel wahrnehmen, aber wir wissen, wie er uns erscheint. Einige glauben, dass Qualia wie diese alles seien, dessen wir uns gewiss sein können.

SUBJEKTIVE ERFAHRUNG

Unter Qualia versteht man subjektiv wahrgenommene Eigenschaften von Reizen, wie das Rot einer Rose oder das Gefühl von Schmerz. Dabei geht es nicht um die Beschreibung der Eigenschaft (an der andere teilhaben können), sondern um die Eigenschaft an sich, die sich nur der wahrnehmenden Person erschließt. Die Existenz von Qualia wurde als Beweis zur Widerlegung des Materialismus (siehe S. 30) angeführt. So argumentiert der Dualismus (siehe S. 78), dass eine physikalische Beschreibung des Hörens zwar erkläre, wie der Klang auf das Ohr einwirkt, nicht aber, wie es ist, den Klang von Musik zu erleben. Laut dieser Auffassung vernachlässigt der Materialismus die Tatsache, dass Menschen Subjekte der Erfahrung sind und eine Innenperspektive haben.

QUALIA HINTERFRAGEN

Ludwig Wittgenstein zweifelte an der Qualiatheorie (siehe links). In einem Gedankenexperiment stellte er sich eine Gruppe von Menschen vor, in der jeder eine Schachtel hat, in der er etwas aufbewahrt, das er »Käfer« nennt und das sonst niemand sehen darf. Wittgenstein behauptete, das Wort »Käfer« könne sich in diesem Fall auf alles beziehen, was sich in der Schachtel befinde, niemals aber auf etwas Bestimmtes – denn es herrsche keine Einigung darüber, was ein »Käfer« sei. Damit sei das Wort bedeutungslos, denn die Bedeutung eines Ausdrucks beruhe auf den vereinbarten Regeln einer Sprachgemeinschaft (siehe S. 59). Er kam zu dem Schluss, dass Qualia wie »Käfer« sind: entweder etwas, über das man sprechen kann, das also nicht subjektiv ist, oder etwas, das bedeutungslos ist.

KÖRPERSPRACHE

Eine »Behaviorismus« genannte Strömung argumentiert, dass die Frage, wie Geist und Körper interagierten (siehe S. 78), auf einer begrifflichen Verwirrung beruhe. Behavioristen glauben, dass der Dualismus Menschen fälschlicherweise zwei Arten von Eigenschaften zuschreibe: körperliche (z.B. ihre Größe) und geistige (z.B. ihre Intelligenz). Dem Behaviorismus zufolge sind alle menschlichen Eigenschaften stattdessen entweder körperlicher oder verhaltensbezogener Natur: Menschen seien »klug« oder »glücklich«, weil sie sich auf bestimmte Weise verhielten, und nicht, weil ihr Geist die Eigenschaften von »Klugheit« oder »Glück« aufweise. Der Behaviorismus vertritt die Auffassung, dass das, was der Dualismus als »geistige Eigenschaften« bezeichnet, lediglich bestimmte Verhaltenstendenzen seien.

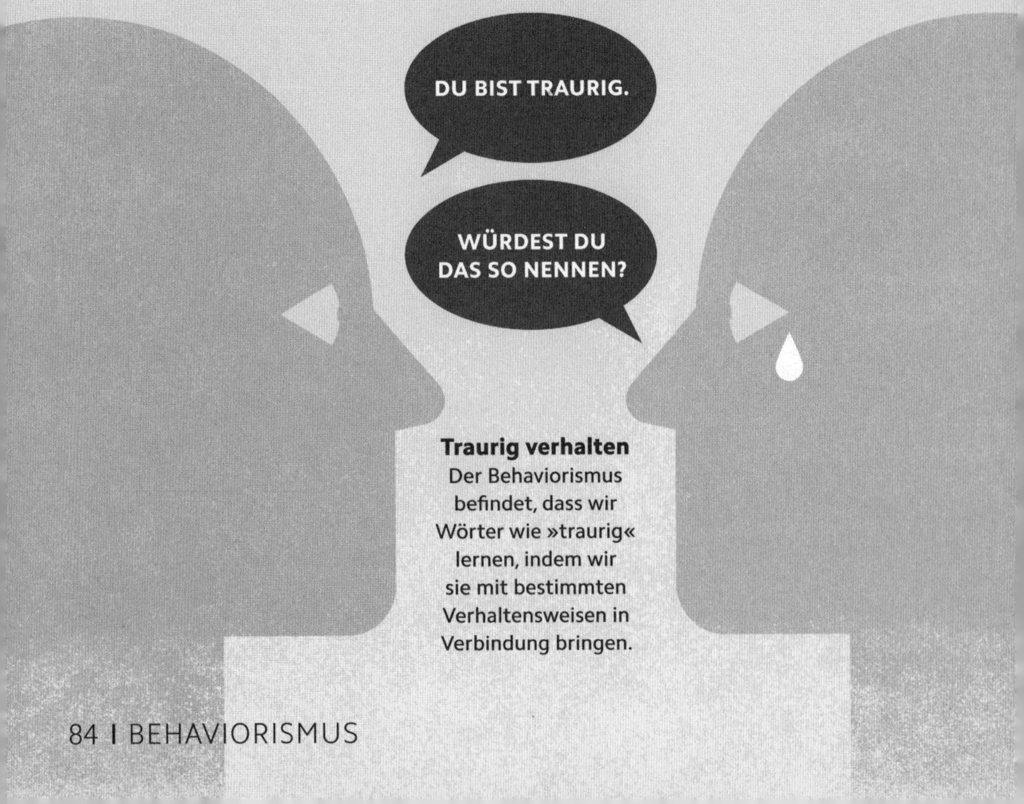

Traurig verhalten
Der Behaviorismus befindet, dass wir Wörter wie »traurig« lernen, indem wir sie mit bestimmten Verhaltensweisen in Verbindung bringen.

> »Ein Geist ist nicht ein Stückchen Uhrwerk, sondern ein Stückchen Nichtuhrwerk.«
>
> Gilbert Ryle

GEISTIGER RAUM

Für Ryle entspringt die Illusion, dass wir einen Raum haben, in dem wir »denken«, der Vorstellung, dass der Geist ein immaterielles »Ding« ist.

INNERE REDE

Laut Ryle besteht das Denken aus imaginären Gesprächen, in denen Probleme analysiert und gelöst werden.

Imaginäre Rede

Gilbert Ryle war der Ansicht, dass Denken auch ein Verhalten ist – eine Art imaginäre Rede. Zudem behauptete er, dass unsere Gedanken nicht unbedingt privat sind, da Sprechen eine öffentliche Handlung sei.

DER GEIST IST DAS GEHIRN

In den letzten Jahren gelangten einige Vertreterinnen und Vertreter des Physikalismus (siehe S. 79) zu dem Schluss, dass mentale und neuronale Zustände identisch seien. So verglich U. T. Place (1924–2000) die Begriffe »Empfindung« und »Gehirnzustand« mit »Blitz« und »elektrischer Entladung« und behauptete, dass sie jeweils auf dasselbe physische Objekt oder Ereignis verweisen – das eine sei lediglich eine wissenschaftlichere Beschreibung des anderen. Er urteilte, dass wir zwar im täglichen Leben unpräzise über Emotionen und Absichten sprechen, sich aber eine exakte Erklärung des Bewusstseins nur auf das Gehirn und dessen Vorgänge beziehen könne.

> **»Zwei Ereignisse, die immer zur gleichen Zeit am gleichen Ort stattfinden, sind nicht zwei Ereignisse, sondern ein und dasselbe Ereignis.«**
>
> Edwin G. Boring

GEIST ALS MYTHOS

Einige Anhängerinnen und Anhänger des Physikalismus (siehe links) finden die Begriffe, mit denen wir üblicherweise das menschliche Verhalten erklären, so irreführend, dass wir sie zugunsten wissenschaftlicher Ausdrücke aufgeben sollten. Diese »eliminativer Materialismus« genannte Strömung urteilt, dass sich die Alltagspsychologie erfundener mentaler Zustände wie Ansichten, Wünsche und Absichten bediene, die nicht erläutern könnten, wie der Mensch wirklich funktioniert. Der größte Irrglaube jedoch sei der an einen Geist, der laut dieser These nichts anderes ist als ein Netzwerk physischer Prozesse.

Nicht vorhandene Entitäten
Einigen Physikalisten zufolge ist das »Ich«, ähnlich wie ein Gott, ein imaginäres Wesen, das das menschliche Verhalten nicht erklären kann.

Aussagen über die Realität
Der eliminative Materialismus meint, Ausdrücke wie »Ich bin wütend« sollten durch Aussagen über das Gehirn ersetzt werden.

ZEUS IST WÜTEND. → **EIN STURM TOBT.**

ICH BIN WÜTEND. → **EIN GEHIRN MACHT »X«.**

KANN EINE MASCHINE DENKEN?

Der Funktionalismus konzentriert sich nicht auf das, was der Geist ist, sondern auf das, was er tut. Er argumentiert, wenn ein Mensch und eine Maschine dieselben kognitiven Aufgaben erfüllen könnten, seien sie als gleich intelligent anzusehen. Für den Funktionalismus sind menschliche mentale Zustände – wie denken und glauben – wie Software, die auf der Hardware des Gehirns läuft.

Intelligenz einschätzen
Der Funktionalismus glaubt, wenn wir die Intelligenz eines Wesens beurteilen, beurteilen wir sein Verhalten und nicht seine körperliche Beschaffenheit.

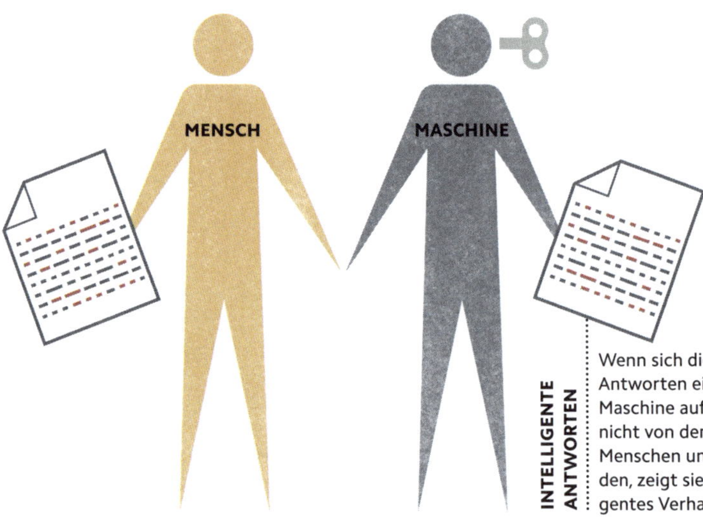

Wenn sich die Antworten einer Maschine auf Fragen nicht von denen eines Menschen unterscheiden, zeigt sie intelligentes Verhalten.

»Warum sollte man nicht sagen können, daß alle Automaten ... ein künstliches Leben haben?«
Thomas Hobbes

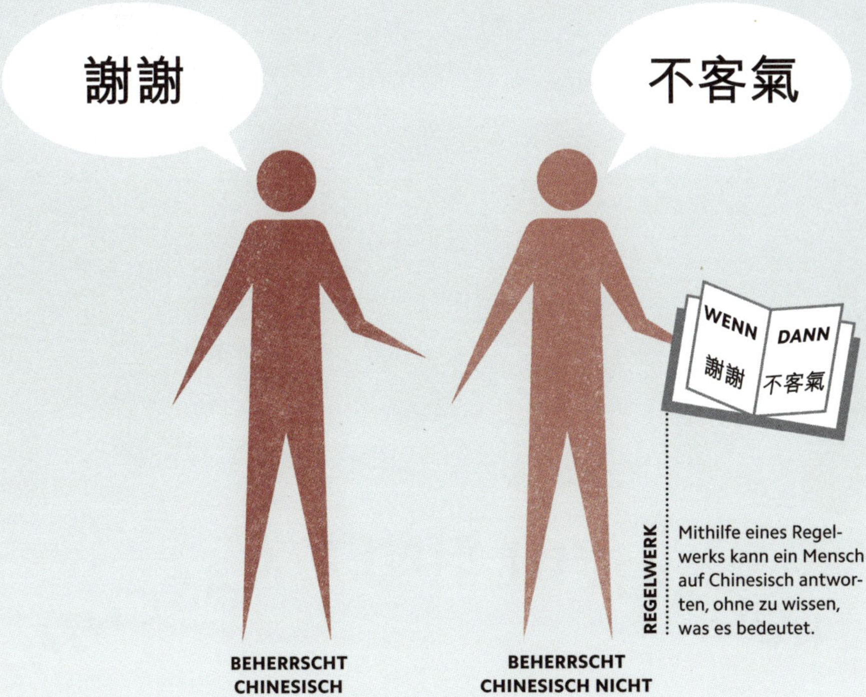

WIR KÖNNEN VERSTEHEN

John Searle (*1932) war der Ansicht, dass der Funktionalismus (siehe links) den Hauptunterschied zwischen Menschen und Maschinen vernachlässige: Menschen haben ein Verständnis, Maschinen aber nicht. Er befand, dass die Sprachen des Menschen sowohl eine Syntax (grammatikalische Struktur) als auch eine Semantik (Bedeutung) aufweisen, während die Anweisungen der Maschinen auf reiner Syntax beruhen. Diesen Unterschied verglich er mit einer Person, die Chinesisch versteht, im Gegensatz zu einer, die bloß ein Regelwerk für die chinesische Sprache befolgt.

RÄDCHEN IN EINER MASCHINE

Baruch de Spinoza (1632–1677) vertrat die Auffassung, dass so wie Höhe und Farbe zwei Attribute materieller Objekte sind, Geist und Materie zwei Attribute einer zugrunde liegenden Substanz seien, die er sowohl als »Gott« als auch als »Natur« bezeichnete. Spinoza glaubte nicht an einen jenseitigen Schöpfer, sondern an einen Gott, der in allem existiere, und er war der Ansicht, dass Geist und Materie die beiden Aspekte Gottes seien, die der Mensch verstehe. Er urteilte, so wie die Höhe eines Gegenstandes nicht seine Farbe bestimme, bestimme die Materie nicht den Geist und umgekehrt: Beide seien parallel am Werk.

UNLÖSBARES GEHEIMNIS

Der Mysterianismus behauptet, dass das Bewusstsein ein Geheimnis sei, das niemals gelüftet werden könne. In Anlehnung an Charles Sanders Peirce (siehe S. 50) unterscheidet er zwischen Problemen, die prinzipiell lösbar sind, und Mysterien, die unlösbar sind, weil sie außerhalb des menschlichen Verständnisses liegen. Er argumentiert, der Verständnisbereich eines Organismus werde von seinen biologischen Bedürfnissen bestimmt: Ebenso wenig wie Schimpansen Astronomie begreifen müssen, müsse der Mensch die Natur des Bewusstseins erfassen.

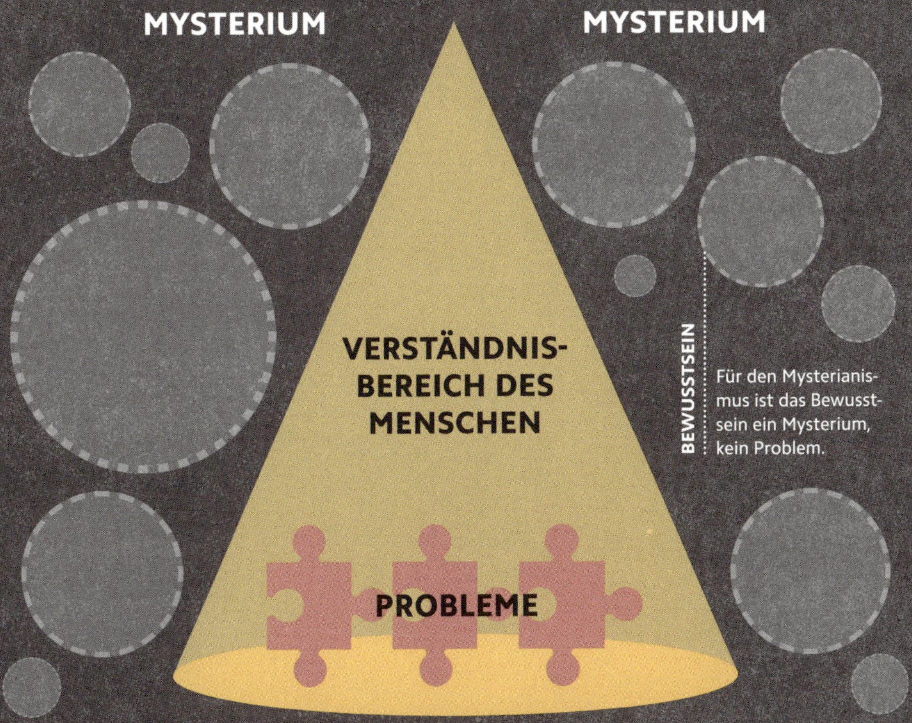

RICHTI
FALSCH

G UND

Ethik ist der Philosophiezweig, der sich mit moralischen Werten befasst. Zu seinen Schlüsselfragen gehören »Wie sollen wir uns verhalten?« und »Woher wissen wir, dass unsere Wertvorstellungen richtig sind?«. Was die Antworten auf diese Fragen betrifft, lässt sich die Ethik in zwei Hauptströmungen einteilen: den Konsequenzialismus (z.B. Jeremy Bentham), der den moralischen Wert einer Handlung nach ihrem Ergebnis beurteilt, und die Deontologie (z.B. Immanuel Kant), die den moralischen Wert einer Handlung danach bemisst, ob sie Moralgesetzen folgt. Zudem untersucht die Ethik die Bedeutung von Moralbegriffen, insbesondere von »gut«, »schlecht«, »böse« und »Tugend«.

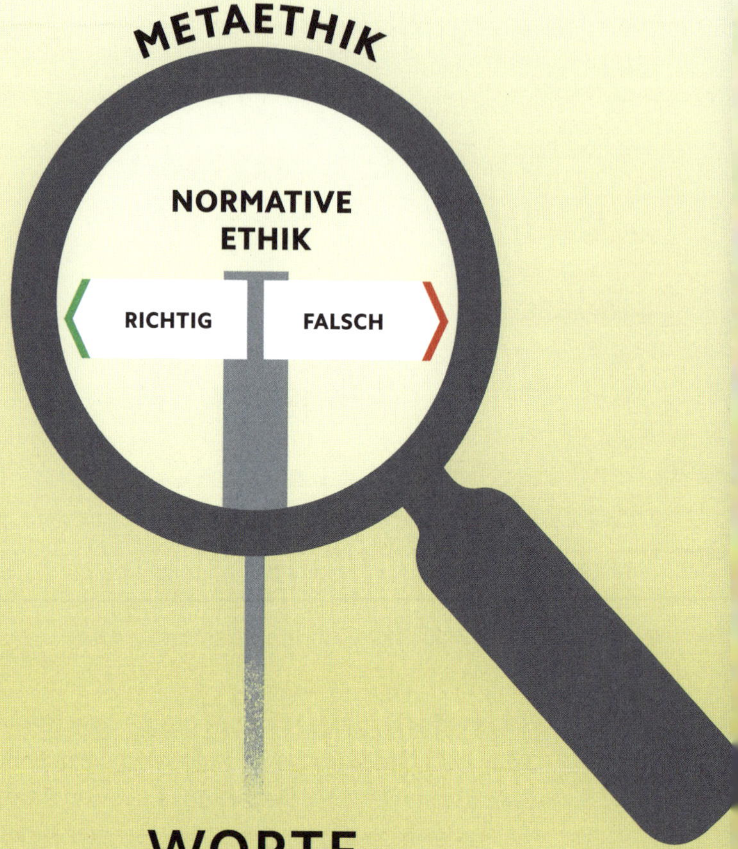

WORTE UND TATEN

Die Ethik lässt sich grob in zwei große Bereiche unterteilen: die Metaethik und die normative Ethik. Die Metaethik ist der theoretischere der beiden Ansätze. Sie erforscht die Natur von Moralvorstellungen wie »gut« und »schlecht« und fragt, wie wir zwischen richtig und falsch unterscheiden können. Die normative Ethik hingegen geht der eher praktischen Frage auf den Grund, wie wir uns verhalten sollen. Sie analysiert, wie wir die Rechtmäßigkeit unseres Handelns beurteilen können, und versucht, ethische Verhaltensregeln für unser Leben aufzustellen.

DAS TUGENDHAFTE LEBEN

Die Tugendethik ermittelt und beleuchtet die menschlichen Eigenschaften, die als rechtschaffen gelten und eine tugendhafte Person kennzeichnen. Dazu gehören Ehrlichkeit, Gerechtigkeit und Großzügigkeit. Außerdem ergründet sie das Wesen und die Definition der Tugend, was sie in der Praxis bedeutet und wie ein Mensch tugendhaft werden kann. So vertrat die altgriechische Philosophie die Ansicht, das Ziel eines tugendhaften Menschen bestehe darin, ein »gutes Leben« zu führen, eines, das erfüllend ist, weil es rechtschaffen ist. Aristoteles befand, ein Merkmal des guten Lebens sei die Mäßigung, also die Suche nach dem Mittelweg zwischen Mangel und Übermaß.

> **»Denn je nachdem wir das Gute oder das Böse wählen, haben wir eine bestimmte sittliche Qualität, aber nicht je nach unseren Meinungen.«**
>
> Aristoteles

EDLER ACHTFACHER PFAD

Der Buddhismus ist eine alte Religion, die ihren Ursprung in Indien hat. Eine ihrer zentralen Ideen ist *Samsara*, ein sich wiederholender Kreislauf aus Geburt, Tod und Wiedergeburt, dem man entkommen kann, indem man ein gutes Leben führt. Siddhartha Gautama (um 563–483 v. Chr.), der als Buddha verehrt wird, umriss den Weg für ein solches Leben, der auf acht Prinzipien beruht. Die buddhistischen Gläubigen sind davon überzeugt, dass der Mensch *Samsara* überwinden kann, indem er diese acht Prinzipien befolgt. Ihr letztliches Ziel ist nicht der Himmel, sondern Nirwana, ein Zustand des Nicht-Seins und der Erlösung von allem weltlichen Verlangen.

Vorbildfunktion
Konfuzius glaubte, ein »Edler« solle durch sein Verhalten andere dazu inspirieren, den Fünf Konstanten zu folgen.

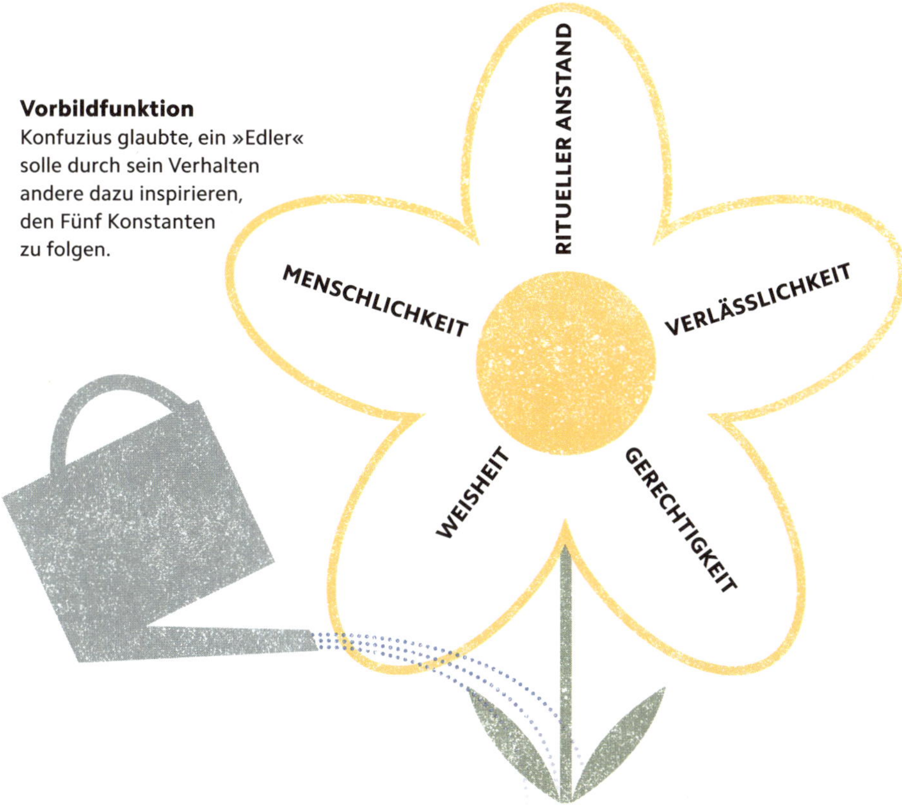

DIE FÜNF KONSTANTEN

Kong Fuzi (551–479 v.Chr.), auch bekannt als Konfuzius, lehnte die Vorstellung ab, dass Tugend einer bestimmten Gesellschaftsschicht von Gott gegeben wird. Stattdessen vertrat er die Ansicht, dass sie in einer Gesellschaft, die die von ihm so bezeichneten »Fünf Konstanten« beherzigt, in jedem Menschen gefördert werden kann. Für Konfuzius ist die grundlegende Tugend die Menschlichkeit, die in der Goldenen Regel zum Ausdruck kommt: »Was du nicht willst, das man dir tu, das füg auch keinem anderen zu.« Die zweite Tugend ist die Gerechtigkeit, die dritte die Verlässlichkeit, die vierte die Weisheit und die fünfte der rituelle Anstand, d.h. die Bewahrung der Tradition.

DAS ERGEBNIS ZÄHLT

Der Konsequenzialismus ist die Überzeugung, dass sich der moralische Wert einer Handlung nach ihrem Ergebnis richtet und nicht danach, ob sie konventionellen Normen oder Moralgesetzen entspricht. Dieser Ansatz der Moralphilosophie setzte sich im Europa der Renaissance im 15. und 16. Jh. durch und bildete die Grundlage des Utilitarismus von Jeremy Bentham (siehe S. 102). Radikal ausgelegt, wie von dem politischen Philosophen Niccolò Machiavelli (1469–1527), vertritt der Konsequenzialismus die Ansicht, dass »der Zweck die Mittel heiligt«.

> **»Denn nach dem Erfolg am Ende beurteilt er alles, was ihm zu Gebote stand.«**
> Demosthenes

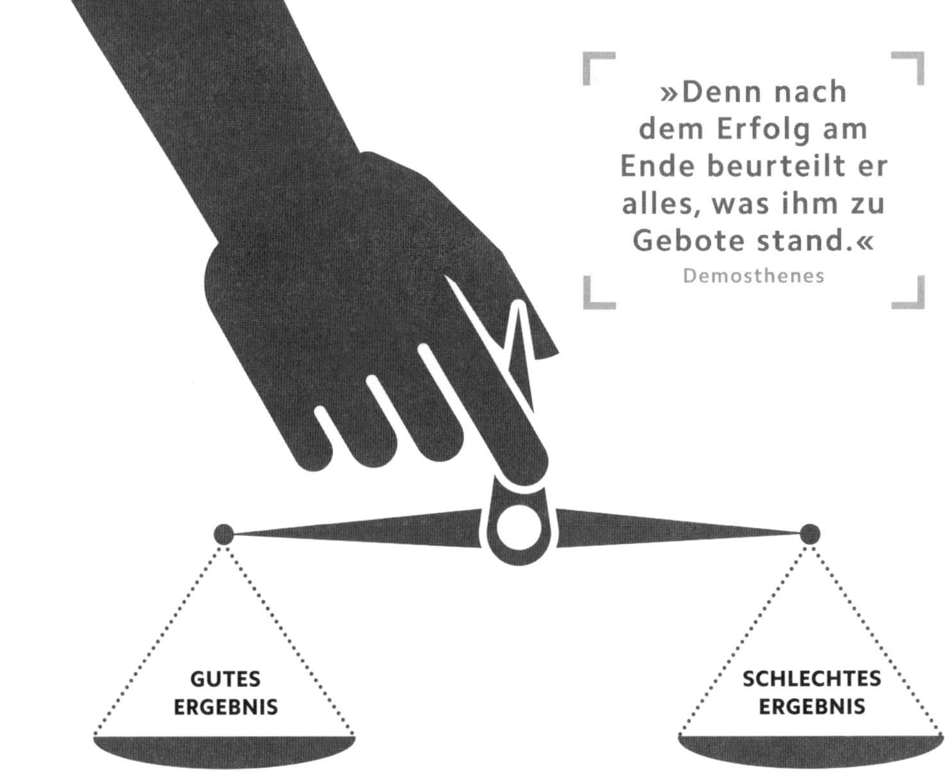

MORALGESETZ

Die Idee, es gebe Moralgesetze, die definieren, was rechtschaffen ist, und es sei unsere Pflicht, sie ungeachtet ihrer Konsequenzen zu befolgen, ist als Deontologie bekannt. Viele ihrer Vertreterinnen und Vertreter argumentieren, Moralgesetze seien wie Naturgesetze oder mathematische Prinzipien und daher sei es unnatürlich und unvernünftig, sie zu brechen. Der bekannteste Verfechter der Deontologie in der modernen Ethik ist Immanuel Kant, dessen Vorstellung vom kategorischen Imperativ (siehe S. 106) sich gegen die konsequenzialistische Ethik seiner Zeit richtete.

> »Die Natur hat die Menschheit unter die Herrschaft zweier souveräner Gebieter – Leid und Freude – gestellt.«
>
> Jeremy Bentham

HEDONISTISCHES KALKÜL

Hedonismus ist die Vorstellung, dass Freude unser Wohlbefinden beeinflusst und daher alles, was Freude fördert, moralisch gut ist. Für den Hedonismus ist das Streben nach Sinneslust und Genuss das höchste Gut im Leben. Da Leid das Gegenteil von Freude ist, gilt auch dessen Vermeidung als gut. Der Hedonismus geht auf Demokrit (siehe S. 17) und Aristippos von Kyrene (um 435–um 356 v. Chr.) zurück. Die Ansicht, Freude und Leid seien die Hauptfaktoren bei der Bestimmung moralischer Werte, ist auch Teil des Utilitarismus (siehe S. 102–103).

LEID

FREUDE

Epikureismus
Epikur definierte Glück als Zustand der Gelassenheit, den man erreicht, wenn man frei von Schmerz und Angst ist – insbesondere von der Angst vor dem Tod. Für Epikur war diese Art von Glück das Ziel eines guten Lebens.

GELASSENHEIT

GUT IST, WAS GLÜCKLICH MACHT

Die altgriechische Moralphilosophie wollte die Menschen befähigen, ein »gutes Leben« zu führen, d.h. eines, das sowohl tugendhaft als auch glücklich ist. Für den Hedonismus (siehe links) waren diese beiden Begriffe quasi identisch. Er urteilte, wenn Glück das Ergebnis moralisch richtigen Handelns sei, dann sei alles, was Glück verursache, moralisch gut. Auf denselben Prinzipien gründete der Hedonist Epikur (341–270 v.Chr.) eine eigene Denkschule, die als Epikureismus bekannt wurde. Er befand, Glück sei das Ziel eines guten Lebens, aber im Gegensatz zu anderen Vertreterinnen und Vertretern des Hedonismus war er der Meinung, Glück sei in Gelassenheit und nicht in Genussstreben zu finden.

ANGST

DAS GRÖßTE GLÜCK

Im 18. Jh. vertraten einige britische Philosophen die Ansicht, der moralische Wert einer Handlung lasse sich anhand ihrer Folgen beurteilen (siehe S. 98). Insbesondere Jeremy Bentham (1748–1832) glaubte, dass sich Handlungen durch das Maß an Freude bzw. Leid, das sie verursachen, moralisch rechtfertigen lassen. Er schlug eine Formel zur Berechnung des »Nutzens« von Handlungen vor (also in welchem Ausmaß sie Gutes oder Schlechtes nach sich ziehen) und argumentierte, die beste Handlung sei diejenige, die für die größte Anzahl Menschen das größte Glück bedeute. Diese Denkschule ist als Utilitarismus bekannt.

> **»Das größte Glück der größten Zahl bildet das Fundament der Moral.«**
> Jeremy Bentham

Handlungsutilitarismus
Bentham zufolge lässt sich der Nutzen jeder Handlung anhand ihres Ergebnisses messen, d.h. anhand der Anzahl der betroffenen Personen und des Ausmaßes an Freude oder Leid, das sie erfahren. Das ist als »Handlungsutilitarismus« bekannt.

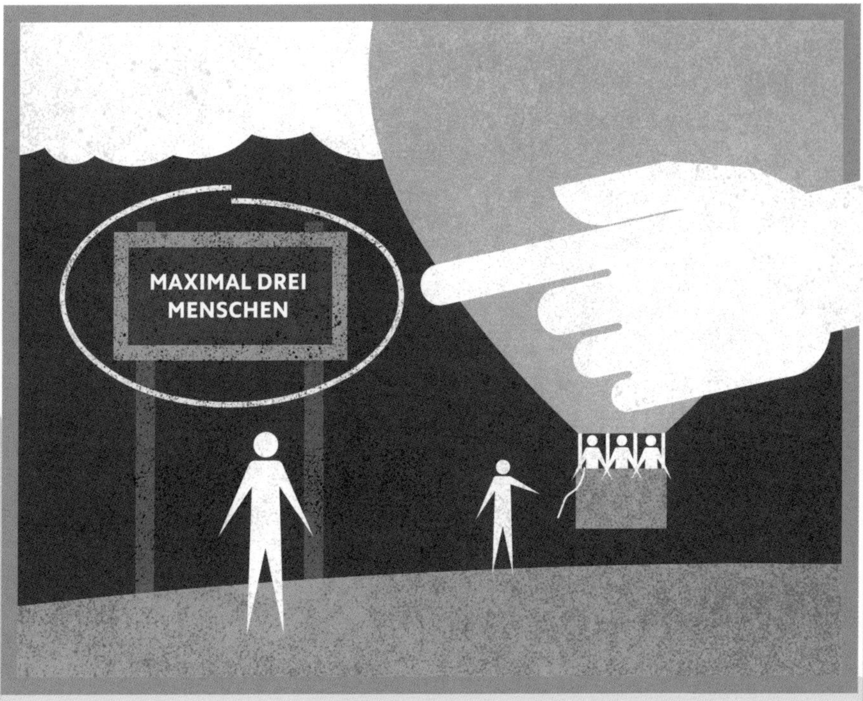

Regelutilitarismus
Die möglichen Folgen einer Handlung lassen sich nicht immer abwägen: Entscheidungen müssen oft auf Grundlage begrenzter Informationen getroffen werden. Um Abhilfe zu schaffen, schlägt der Regelutilitarismus vor, allgemeine Regeln zu befolgen, anstatt den Nutzen jeder einzelnen Handlung zu bewerten.

SEIN

DIE KLUFT ZWISCHEN »SEIN« UND »SOLLEN«

SOLLEN

TAT-SACHEN

WERTE

David Hume widersprach der Vorstellung, dass ethische Grundsätze auf einem objektiven Moralgesetz beruhten (siehe S. 106). Er glaubte, dass die Vernunft »der Sklave der Affekte« sei, und behauptete, dass wir aufgrund unserer Gefühle entschieden, was gut oder schlecht ist, und diese Entscheidung dann durch rationales Denken rechtfertigten. Daher, so folgerte er, bestehe eine unüberbrückbare Kluft zwischen Tatsachenaussagen und Werturteilen – einschließlich ethischer Werte. Mit anderen Worten: Von dem, was »ist«, können wir nicht ableiten, was sein »sollte«.

»Die Sittenregeln sind folglich keine Ergebnisse unserer Vernunft.«

David Hume

BUH-HURRA-THEORIE

Subjektivismus ist die Auffassung, dass moralische Aussagen eher auf subjektiven Empfindungen als auf rationalem Denken basierten. Nach Ansicht des Subjektivismus sind unsere moralischen Werte vielmehr Ausdruck von Gefühlen als von Tatsachen: Wenn wir beispielsweise sagen, dass es falsch sei, zu töten, artikulierten wir damit unsere subjektive Einstellung. So beschrieben Moralregeln, die uns von Obrigkeiten auferlegt werden, wie das Verbot zu töten, einfach das, was diese Autoritäten als akzeptables Verhalten werten. Dem Subjektivismus ähnelt der Emotivismus oder die »Buh-Hurra-Theorie«. Diese argumentiert, dass die Worte »gut« und »schlecht« keine wörtliche Bedeutung hätten, sondern dass wir damit, wie bei den Ausrufen »Hurra!« oder »Buh!«, Zustimmung oder Missbilligung bekundeten.

EIN GESETZ FÜR ALLE

Immanuel Kant glaubte, dass es ein Moralgesetz gebe (siehe S. 99), das sich durch die Vernunft erkennen lässt. Er nannte dieses Gesetz den »kategorischen Imperativ«, was bedeutet, dass es allgemeingültig ist und daher alle ihm verpflichtet sind. Der kategorische Imperativ besagt, dass jeder Mensch so handeln muss, dass sich daraus ein allgemeines Gesetz ableiten lässt, dem alle Menschen folgen können. Kant behauptete, es sei unvernünftig, nicht auf diese Weise zu handeln. Außerdem kam er zu dem Schluss, dass Taten, die einem bestimmten Zweck dienen (siehe S. 98), anstatt das Moralgesetz zu beherzigen, moralisch verwerflich seien.

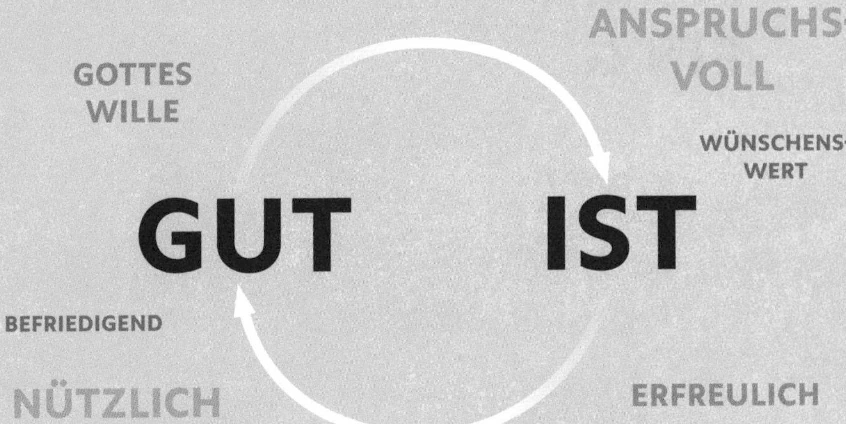

»Wenn ich gefragt werde ›Was ist gut?‹, so lautet meine Antwort, dass gut gut ist, und damit ist die Sache erledigt.«

G. E. Moore

GUT IST EINFACH GUT

G. E. Moore (1873–1958) befand, dass das Wort »gut« nicht im Sinne eines anderen Begriffs wie »erfreulich« oder »wünschenswert« verstanden werden könne. Er argumentierte, dass Dinge, die uns gefallen, zwar als gut angesehen werden, das Wort »gut« aber nicht »das, was uns gefällt« bedeute. Ebenso könnten wir formulieren, dass Freude gut ist, was aber nicht heißt, dass das Gute und die Freude dasselbe sind. Moore vertrat die Auffassung, »erfreulich« und »wünschenswert« seien natürliche Eigenschaften (ein Merkmal wie »rund« oder »weich«), »gut« hingegen sei eine nicht-natürliche Eigenschaft, die man weder sehen, noch anfassen oder vereinfachen könne. Er urteilte, dass wir das Gute instinktiv erkennen würden und, wenn wir es definieren wollten, den »naturalistischen Fehlschluss« begingen, es mit einer natürlichen Eigenschaft zu verwechseln.

GUT

WERTE SIND ALLGEMEINGÜLTIG

Einige Philosophinnen und Philosophen vertreten die Auffassung, dass Moral objektiv (sachlich) sei und dass ihre Gesetze ebenso wie Naturgesetze entdeckt werden könnten. Die Moral ist demnach unabhängig von menschlichem Denken und Handeln und universal (sie gilt für alle Menschen auf der Welt zu jeder Zeit). Was sich objektiv als moralisch gut erweist (z. B. »Gerechtigkeit« oder »Nächstenliebe«), ist immer gut, und was sich als schlecht erweist (z. B. »Habgier« oder »Diebstahl«), ist immer schlecht. Der sogenannte moralische Universalismus verfolgt die Idee, dass sich eine allgemeingültige Ethiklehre auf objektiven moralischen Wahrheiten aufbauen lasse.

SCHLECHT

GUT

WERTE SIND SUBJEKTIV

Im Gegensatz zum moralischen Universalismus (siehe links) argumentiert der moralische Relativismus, dass Moral ein menschliches Konstrukt sei. Das bedeutet, dass sie eher subjektiv (eine Ansichtssache) als objektiv ist: Was in einem Kontext als gut erachtet wird, kann in einem anderen Kontext schlecht sein. Als Beweis dafür verweist der Relativismus auf die unterschiedlichen Moralvorstellungen in den verschiedenen Kulturen. So gilt beispielsweise der Konsum von Alkohol in einigen Kulturen heute als verwerflich, während er in anderen nicht als anstößig empfunden wird. Der moralische Relativismus urteilt, dass unsere moralischen Grundsätze von der Kultur und nicht von moralischen Tatsachen geformt werden.

SCHLECHT

KÖNNEN WIR ENTSCHEIDEN?

Harter Determinismus
Die Menschen können nicht frei entscheiden, was sie tun wollen, denn alles, was geschieht, ist vorbestimmt. Der freie Wille ist daher eine Illusion.

Im Allgemeinen glauben wir, dass wir einen freien Willen haben, also uns aus einer Reihe von Möglichkeiten aussuchen können, was wir tun wollen. Viele in der Philosophie verfechten diese Vorstellung. Die Vertreterinnen und Vertreter des harten Determinismus hingegen behaupten, Willensfreiheit sei eine Illusion. Sie argumentieren, weil jedes Ereignis eine Ursache habe, seien alle Handlungen des Menschen durch vergangene Ereignisse vorbestimmt. Für eine dritte philosophische Denkschule, den so genannten weichen Determinismus, sind Willensfreiheit und Determinismus vereinbar. Ihr zufolge haben die Menschen einen gewissen Grad an Freiheit, aber ihre Entscheidungen beruhen auf Persönlichkeitsmerkmalen, die entweder genetisch vererbt oder von ihrer Umwelt bestimmt sind.

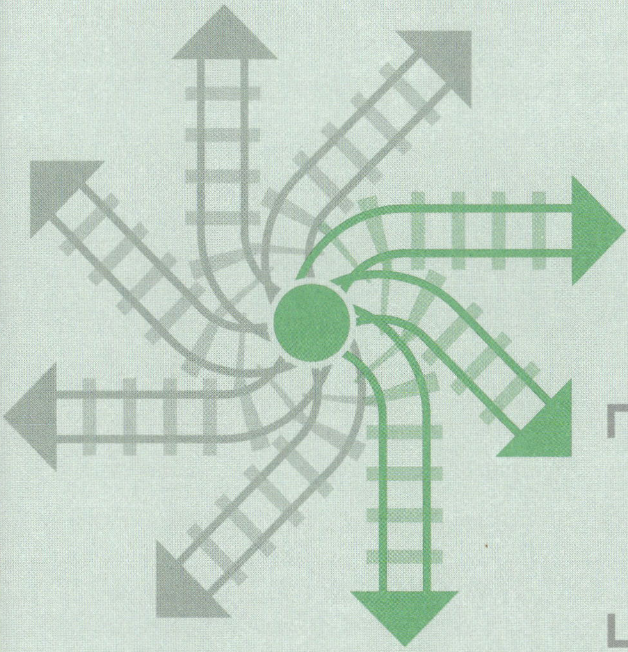

Weicher Determinismus
Die Menschen können aus einer begrenzten Anzahl von Handlungen wählen. Ihre Entscheidungen werden jedoch von ihrem Charakter bestimmt, der von biologischen und umweltbedingten Faktoren geprägt ist.

> »Der Mensch kann wohl tun, was er will, aber er kann nicht wollen, was er will.«
> Arthur Schopenhauer

Freier Wille
Wenn die Menschen vor einer Entscheidung stehen, sind sie frei in ihrer Wahl, denn diese ist nicht vorbestimmt. Da die Menschen einen freien Willen haben, stehen ihnen immer alle Handlungsmöglichkeiten offen.

DIE QUELLE DER WERTVORSTELLUNGEN

Friedrich Nietzsche war der Ansicht, dass ein Großteil des modernen Denkens über Moral überholt sei. Er befand, dass sich unsere Wertvorstellungen zu einer Zeit entwickelt haben, in der die Gesellschaften in Herren und Sklaven unterteilt waren. Das, was er als »Sklavenmoral« bezeichnete, ist religiöser Natur und fordert Demut ein, die im nächsten Leben entlohnt werden soll. Im Gegensatz dazu ist die »Herrenmoral« nicht religiös und legt den Schwerpunkt auf Macht und das, was man in diesem Leben erreicht. Für Nietzsche steht es den Menschen nun, da Gott tot ist (siehe S. 49), frei, eigene, lebensbejahende Werte zu wählen.

Gut, schlecht und böse
In der »Herrenmoral« ist das, was stark und lebensbejahend ist, gut, während Schwäche und Unterwürfigkeit schlecht sind. In der »Sklavenmoral« sind Tugenden wie Demut und Freundlichkeit gut, während Befriedigung und Machtausübung schlecht sind.

Der Wille zur Macht
Für Nietzsche ist die konventionelle Moral hemmend und schränkt unsere natürlichen Triebe und Instinkte ein. Diese sind Ausdruck dessen, was er den »Willen zur Macht« nennt, der uns zum Erfolg treibt.

> **»Werde, der du bist.«**
> Pindar

JENSEITS VON GUT UND BÖSE

Friedrich Nietzsche forderte die moderne Gesellschaft auf, die »Sklavenmoral« (siehe links) aufzugeben und vertrat die Ansicht, dass sich die Menschen eigene Wertvorstellungen aussuchen können und sich ihre Handlungen nicht in »gut« und »böse« unterteilen. Er urteilte, dass es dem Menschen zustehe, sein Leben in vollen Zügen zu genießen und seine inneren Bedürfnisse und Wünsche zu befriedigen, anstatt einem Moralkodex zu folgen, der ihm von anderen auferlegt wurde. Nietzsches Ausdruck »Übermensch« beschreibt eine Person, die ihre eigene Moral schafft, indem sie sich »jenseits von Gut und Böse« bewegt.

Um die Probleme moralischer Entscheidungsfindungen zu verdeutlichen, entwickelte Philippa Foot (1920–2010) ein Gedankenexperiment, das als Trolley-Problem bekannt ist. Es stellt ein moralisches Dilemma dar, bei dem eine außer Kontrolle geratene Straßenbahn fünf Menschen töten wird, wenn sie ihren derzeitigen Kurs beibehält. Eine Person, die in der Nähe steht, kann mithilfe einer Weiche den Wagen auf ein Nebengleis umleiten, wo nur eine Person getötet werden würde. Wenn sie eingreift, ist sie für einen Tod verantwortlich. Aber ist sie auch für die fünf Menschen verantwortlich, die sterben werden, wenn sie nichts tut? Für Foot gibt es keine einfache Antwort auf diese Frage.

ETHIK IN DER PRAXIS

Die angewandte Ethik analysiert die Beziehung zwischen ethischen Grundsätzen und praktischen Situationen. Sie sucht nach Gemeinsamkeiten zwischen verschiedenen ethischen Theorien und hinterfragt, ob sich ethische Prinzipien überhaupt einheitlich anwenden lassen. So können Menschen mit verschiedenen ethischen Hintergründen darin übereinstimmen, dass bestimmte Handlungen falsch sind, aber unterschiedlicher Meinung darüber sein, warum das so ist. Oder alle sind sich einig, dass die Gesellschaft ihre Mitglieder gerecht behandeln soll, aber die Meinungen darüber, mit welcher Gesellschaftsform sich das am besten erreichen lässt, gehen auseinander (siehe S. 136–137). Die angewandte Ethik will einen Konsens erreichen, insbesondere in Bereichen wie Politik, Wirtschaft, Technik und Medizin.

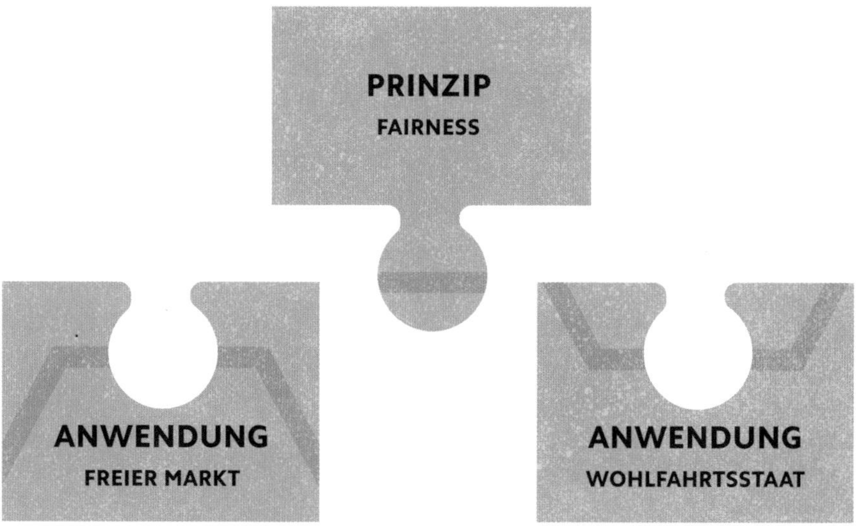

Prinzip und Anwendungen
Der Grundsatz, dass die Gesellschaft die Menschen fair behandeln sollte, kann sowohl als Rechtfertigung für eine freie Marktwirtschaft (siehe S. 127) als auch für einen Wohlfahrtsstaat dienen, der die Benachteiligten unterstützt.

DAS LEID VON TIEREN

Frühe westliche Philosophen wie Aristoteles glaubten, dass es eine Hierarchie der Lebewesen gebe, die von Pflanzen über »niedere« Tiere (z.B. Würmer) und »höhere« Tiere (z.B. Affen) bis zum Menschen reicht. Für sie ist der Mensch überlegen, weil nur er über ein Vernunftvermögen verfügt, und deshalb sollten wir ihm bei moralischen Entscheidungen den Vorrang geben. Der Utilitarist Jeremy Bentham (siehe S. 102) stellte diese Ansicht auf den Prüfstand. Er fragte, ob Tiere leiden können, und befand, wenn sich dies bejahen ließe, dann sollten wir ihre Interessen berücksichtigen. Peter Singer (*1946) führte diesen Gedanken weiter und urteilte, dass wir den Belangen von Menschen und Tieren gleichermaßen Beachtung schenken sollten.

Gleichbehandlung
Laut Singer versuchen Tiere genauso wie Menschen, Leid zu vermeiden, und deshalb sollten wir ihre Interessen gleichermaßen berücksichtigen.

»Im Leiden sind Tiere uns gleich.«
Peter Singer

TIEFENÖKOLOGIE

Seitdem sich die Menschen in Zivilisationen niedergelassen haben, neigen sie dazu, sich als eigenständig von der natürlichen Welt zu betrachten und zu glauben, dass diese zu ihrem Nutzen existiere: eine Ressource, die sie ausbeuten können. Im 20. Jh. brachten die Folgen dieser Haltung – wie der Klimawandel – eine Umweltbewegung hervor, die sich immer weiter ausbreitet. Philosophen wie Arne Næss (1912–2009) setzten sich für die von ihm so bezeichnete »Tiefenökologie« ein. Næss forderte uns Menschen auf, zu lernen, uns selbst als Teil der natürlichen Welt zu begreifen und die Natur aufgrund ihres Selbstwertes und nicht aufgrund ihres Nutzwertes zu schätzen.

POLITI

UND MA

K

C H T

Die politische Philosophie befasst sich mit dem Verhältnis zwischen Individuum und Staat (den staatlichen Institutionen). Ein zentrales Thema ist die Frage, ob der Staat ein künstliches Konstrukt oder echter Ausdruck unserer sozialen Natur ist. Die Philosophie hinterfragt zudem das Wesen der politischen Macht und untersucht, wie Regierungen ihre Autorität rechtfertigen. Dabei erörtert sie unter anderem, ob die Bürgerinnen und Bürger eines Landes ihrer Regierung Treue schulden, den Unterschied zwischen Demokratie und Tyrannei, das Gleichgewicht zwischen persönlicher Freiheit und Gemeinwohl und die Bedingungen, unter denen eine Regierung rechtmäßig gestürzt werden kann.

> »Wofern nicht die Philosophen Könige werden, gibt es keine Erlösung vom Übel für die Staaten.«
>
> Platon

WEISE REGIEREN

Platon befand, politische Entscheidungen sollten nicht von einfachen Menschen getroffen werden, da diese Begriffe wie Gerechtigkeit und Tugend nur begrenzt verstünden. Philosophen, so Platon, hätten ein besseres Verständnis von solchen Begriffen und eigneten sich für die Herrschaft am besten, weil sie von der Wahrheit und den Interessen des Stadtstaates geleitet würden. Regierungen, so schlussfolgerte er, sollten stets aus einer Elite von Philosophenkönigen bestehen.

IM INTERESSE DES STAATES

Monarchie
Herrschaft eines Einzelnen zum Wohle der gesamten Gemeinschaft.

Aristokratie
Herrschaft der Wohlhabenden und Besitzenden aufgrund ihrer Tugendhaftigkeit.

Politie
Herrschaft des Mittelstandes zum Wohle des Staates als Ganzem.

IM EIGENEN INTERESSE

Tyrannis
Herrschaft eines Einzelnen zu seinem alleinigen Nutzen.

Oligarchie
Herrschaft einiger weniger, deren Macht eher auf Reichtum als auf Tugend beruht.

Demokratie
Herrschaft des einfachen Bürgertums im Interesse der Ärmeren und auf Kosten der Reichen.

WER REGIERT

Aristoteles unterschied drei Herrschaftsformen: die des Einzelnen (Monarchie), die von Gruppen (Aristokratie) und die der Mehrheit (*Politie* oder Gemeinwesen). Er argumentierte, dass jede von ihnen in eine »entartete« Form übergehen könne, wenn sie nicht dem Gemeinwohl diene. Für Aristoteles wird die Monarchie zur *Tyrannis* (Tyrannei), die Aristokratie zur Oligarchie (Regierung für die Reichen) und die *Politie* zur Demokratie, wenn die Regierungen private Interessen verfolgen.

VOM HIMMEL ERWÄHLT

Das »Mandat des Himmels« ist die altchinesische politische Ansicht, dass Kaiser ihre Autorität vom Himmel erhielten, sie aber nur solange behalten können, wie sie zum Wohle des Volkes regierten. Dieser Auffassung ähnelt das Gottesgnadentum, das sich im Europa des 17. Jh. durchsetzte, allerdings mit einem entscheidenden Unterschied: Die europäische Monarchie glaubte, dass sie von Gott dazu befugt sei, unabhängig von ihrem Verhalten zu regieren. Der politische Theoretiker Robert Filmer (um 1588–1653) verteidigte das Gottesgnadentum in seinem Buch *Patriarcha*. Er behauptete, das Urmodell jeder Regierung sei der Vater, dessen Autorität innerhalb der Familie ein gottgegebenes Recht sei.

> **»Zur Majestät oder Souveränität gehört die absolute Gewalt.«**
> Robert Filmer

STRENGE KONTROLLE

Die chinesischen Staatsmänner Shang Yang (390–338 v.Chr.) und Han Feizi (280–233 v.Chr.) vertraten in der »Zeit der Streitenden Reiche« eine Staatsphilosophie, die als Legalismus bekannt wurde und vom Volk verlangte, sich vollständig der staatlichen Herrschaft zu unterwerfen. Sie hielten die Menschen für egoistisch und unzuverlässig und rieten den Herrschenden, sie mit strengen Gesetzen und Strafen zu regieren. Die Minister, die die Gesetze erließen, sollten je nach der Erfüllung ihrer Pflichten belohnt oder gemaßregelt werden.

CHAOS IST SCHLIMMER ALS TYRANNEI

Während des Englischen Bürgerkriegs (1642–1651) befand Thomas Hobbes, der Monarchie stehe zwar kein Gottesgnadentum zu (siehe S. 122), doch ein absoluter Herrscher sei für die Aufrechterhaltung der Ordnung in der Gesellschaft unerlässlich. Seine Autorität sollte er laut Hobbes vom Volk erhalten, das, von Natur aus ehrgeizig und aggressiv, darauf angewiesen sei, dass die Machthabenden es beschützen und die Ordnung bewahren. In einem »Naturzustand« (ohne Regierung) wäre das Leben »widerwärtig, vertiert und kurz«, und die Menschen würden daher bereitwillig ihre Freiheit aufgeben, um regiert zu werden.

Minimale Macht
Locke vertrat die Ansicht, dass sich die Befugnisse der Regierung auf den Schutz der Rechte (auf Leben, Freiheit und Eigentum), die Sicherung öffentlicher Güter und die Wahrung des Friedens beschränken sollten.

NATÜRLICHE RECHTE SCHÜTZEN

Ende des 17. Jh. argumentierte John Locke, dass die Macht der Regierung begrenzt werden sollte. Er glaubte, dass die Menschen im »Naturzustand« (einer Zeit vor der Einrichtung von Regierungen) natürliche Rechte besaßen, einschließlich des Rechts auf Eigentum, und dass Regierungen zum Schutz dieser Rechte eingesetzt wurden. Wie Thomas Hobbes urteilte auch er, dass die Autorität einer Regierung auf der Zustimmung des Volkes beruhe (siehe links). Er fand jedoch, dass sich ein Volk auflehnen dürfe, wenn die Regierung dessen Rechte nicht sichert.

DAS VOLK REGIERT

Jean-Jacques Rousseau (1712–1778) glaubte, dass der Mensch von Natur aus kooperativ sei, aber Regierungen Ungleichheiten schüfen, was zu sozialen Unruhen führe. Er suchte nach einem Weg, wie die Menschen ohne solche Probleme von den Vorteilen einer Regierung profitieren können. Rousseaus Antwort war die Volkssouveränität: ein System, in dem Entscheidungen direkt von den Bürgern getroffen werden – etwa durch Volksentscheide zu bestimmten Themen – anstatt von gewählten Vertretern. In einem solchen System sind die Menschen für ihr eigenes politisches Schicksal verantwortlich, und die Entscheidungen sind Ausdruck dessen, was Rousseau den »Gemeinwillen« nannte.

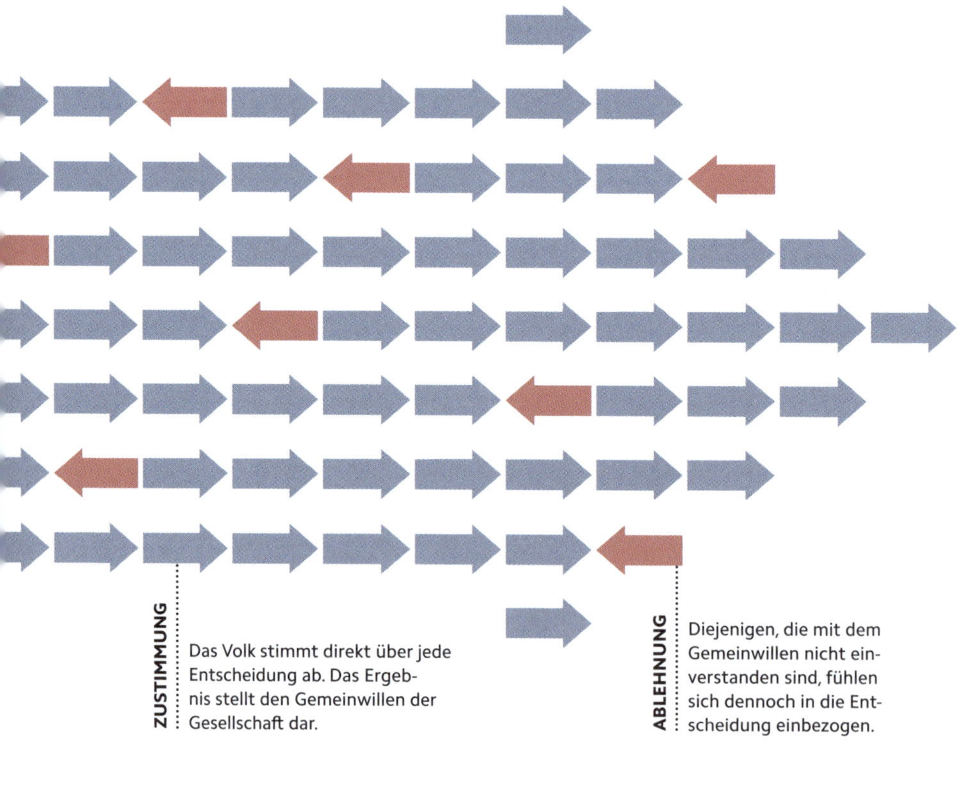

DER MARKT REGULIERT ES

ANGEBOT

NACHFRAGE

»Nicht vom Wohlwollen des Metzgers, Brauers und Bäckers erwarten wir das, was wir zum Essen brauchen, sondern davon, daß sie ihre eigenen Interessen wahrnehmen.«
Adam Smith

In *Wohlstand der Nationen* befand Adam Smith (1723–1790), der Staat solle sich nicht in die Wirtschaft einmischen. Der beste Weg zur Schaffung von Wohlstand sei die Selbstregulierung des Marktes – also das Gleichgewicht zwischen Angebot und Nachfrage der »unsichtbaren Hand« des Marktes zu überlassen. Smith war jedoch nicht libertär gesinnt (siehe S. 137). Er gestand der Regierung eine wichtige Rolle bei der Bereitstellung des rechtlichen Rahmens zu, der für einen gut funktionierenden Markt erforderlich ist.

KLASSENKAMPF

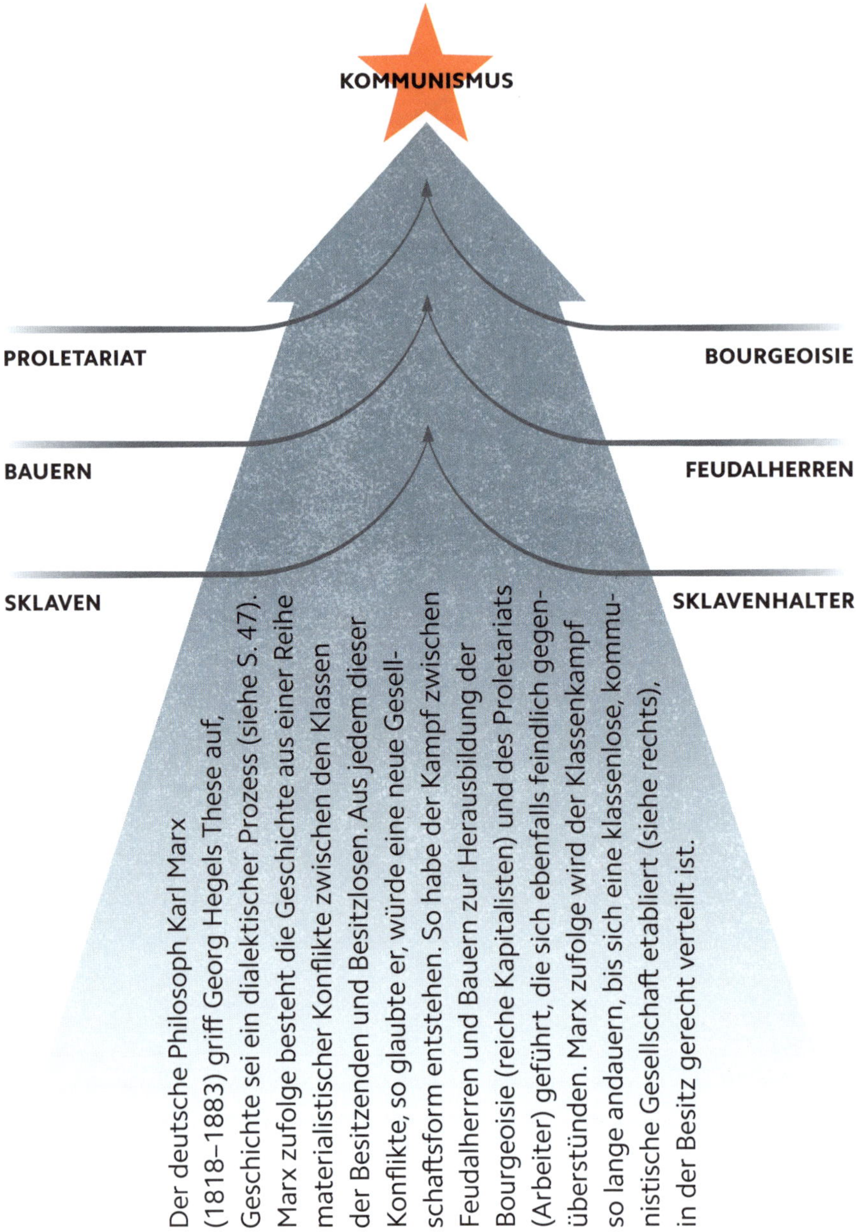

Der deutsche Philosoph Karl Marx (1818–1883) griff Georg Hegels These auf, Geschichte sei ein dialektischer Prozess (siehe S. 47). Marx zufolge besteht die Geschichte aus einer Reihe materialistischer Konflikte zwischen den Klassen der Besitzenden und Besitzlosen. Aus jedem dieser Konflikte, so glaubte er, würde eine neue Gesellschaftsform entstehen. So habe der Kampf zwischen Feudalherren und Bauern zur Herausbildung der Bourgeoisie (reiche Kapitalisten) und des Proletariats (Arbeiter) geführt, die sich ebenfalls feindlich gegenüberstünden. Marx zufolge wird der Klassenkampf so lange andauern, bis sich eine klassenlose, kommunistische Gesellschaft etabliert (siehe rechts), in der Besitz gerecht verteilt ist.

ARBEITERMACHT

Karl Marx stellte sich den Kommunismus als eine neue, klassenlose Gesellschaftsform vor, in der das Eigentum an Produktionsmitteln (z. B. Fabriken) von allen geteilt wird – ebenso wie die Gewinne aus der Arbeit. Marx ging davon aus, dass diese neue Ordnung entstehen werde, wenn die Unzufriedenheit der arbeitenden Menschen mit ihrer kapitalistischen, klassenbasierten Gesellschaft eine Revolution auslöst (siehe links). Der Staat als Instrument der Klassenherrschaft werde dann »absterben« und durch gewählte Gremien ersetzt, die die Arbeitenden vertreten.

»Jeder nach seinen Fähigkeiten, jedem nach seinen Bedürfnissen!«

Karl Marx

FALSCHES BEWUSSTSEIN

Die »Kritische Theorie« wurde am Frankfurter Institut für Sozialforschung entwickelt. Dessen Mitglieder, u.a. Max Horkheimer (1895–1973) und Theodor Adorno (1903–1969), ergründeten, warum der deutsche Marxismus in den 1930er-Jahren dem Faschismus nicht standhielt und es in Europa nicht zu einer kommunistischen Revolution kam. Sie argumentierten, die Revolution werde in kapitalistischen Gesellschaften behindert, wenn Medien und Werbung der Öffentlichkeit falsche Bedürfnisse aufzwängen, wie das Konsumstreben. Der marxistische Begriff »falsches Bewusstsein« bezeichnet eine durch diese Bedürfnisse erzeugte Geisteshaltung, die die Menschen daran hindert, sich dem Kapitalismus zu widersetzen.

Vom Geld geblendet
Die Kritische Theorie urteilt, dass der Kapitalismus die Menschen blind für die Tatsache mache, dass sie ausgebeutet werden, was sie wiederum davon abhalte, sich dagegen aufzulehnen.

> »Die Disziplinarmacht … setzt sich durch, indem sie sich unsichtbar macht.«
> Michel Foucault

»NORMALER« MENSCH

Michel Foucault glaubte, nicht jede Macht werde von einer Autoritätsperson ausgeübt, die die Grundfreiheiten anderer unterdrücke. Er beschrieb eine Art von Macht, die von Gesetzen und Überwachungssystemen ausgeht. Da das Individuum in einer Gruppe oder Klasse nicht mehr anonym sei, wisse es, dass es bei Regelverstößen identifiziert und bestraft werden könne und passe sich daher an. Die Disziplinarmacht wirke in und durch Institutionen, um »normale« Menschen hervorzubringen. Laut Foucault werde diese Macht im Gefängnis am sichtbarsten, wirke aber auch in sozialen Institutionen wie Schulen und Arbeitsstätten.

VOM STAAT KONTROLLIERT

Nach dem Zweiten Weltkrieg untersuchten Philosophinnen und Philosophen wie Hannah Arendt (1906–1975) und Karl Popper (siehe S. 61) den Begriff des »Totalitarismus«, mit dem sowohl die faschistischen Regierungen Mussolinis und Hitlers als auch das stalinistische Regime der Sowjetunion bezeichnet wurden. Sie argumentierten, dass beide Systeme demokratiefeindlich waren, und glaubten, die Gesellschaf »vervollkommnen« zu können. Carl Friedrich (1901–1984) und Zbigniew Brzeziński (1928–2017) führten aus, dass sich beide Systeme zudem ähnelten: Allein die Regierungspartei hatte Entscheidungsbefugnis, andere politische Parteien wurden nicht geduldet, ein einziger Führer verkörperte die Regierung und der Staat kontrollierte die Wirtschaft.

PSYCHE DER UNTERDRÜCKTEN

W. E. B. Du Bois (1868–1963) prägte den Ausdruck »doppeltes Bewusstsein«, um die zweifache, widersprüchliche Identität zu beschreiben, die People of Colour in einer rassistischen Kultur erleben. Mit diesem Begriff definierte er seine Erfahrung als Schwarzer und Amerikaner und den inneren Kampf, mit dem die Schwarzen in den USA konfrontiert sind, die in einer Gesellschaft leben, in der ihre Vorfahren versklavt waren. Frantz Fanon (1925–1961) untersuchte später, wie Schwarze in kolonialisierten Ländern ihr Schwarzsein empfanden. Er formulierte, dass Weiße Kolonialkulturen »Schwarzsein« mit Unreinheit assoziierten, was die Menschen in den Kolonien dazu veranlasste, ihre eigene Hautfarbe und Kultur als etwas Negatives wahrzunehmen und eine Weiße Identität anzustreben.

DIE REGIERUNG ABSCHAFFEN

Im 19. Jh. betrachteten diejenigen, die den Anarchismus befürworteten, den Staat als ein Instrument der gesellschaftlichen Kontrolle: ein Mittel, mit dem eine Gesellschaftsschicht eine andere unterdrückt. Der Anarchismus lehnt den Staat ab, weil er nicht glaubt, dass die Menschen von einer zentralen politischen Autorität im Zaum gehalten, besteuert oder vertreten werden müssten. Er wirbt für eine staatenlose Gesellschaft, in der sich die Menschen in lokalen Kooperativen organisieren, die Freiheit, Gleichheit und sozialen Frieden förderten. Der französische Soziologe und Autor Pierre-Joseph Proudhon (1809–1865) vertrat diese Ideologie und war der erste selbsternannte Anarchist.

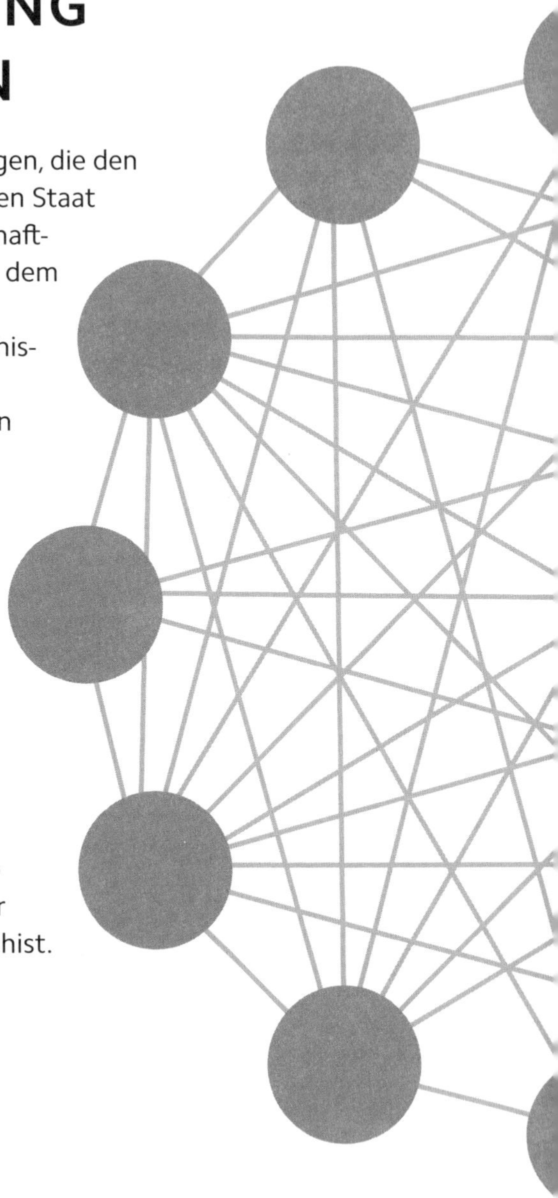

Keine staatliche Regelung
Der Anarchismus strebt ein Netzwerk zahlreicher, selbstverwalteter Gemeinschaften an, in denen niemand über andere bestimmen kann.

DEN STAAT RECHTFERTIGEN

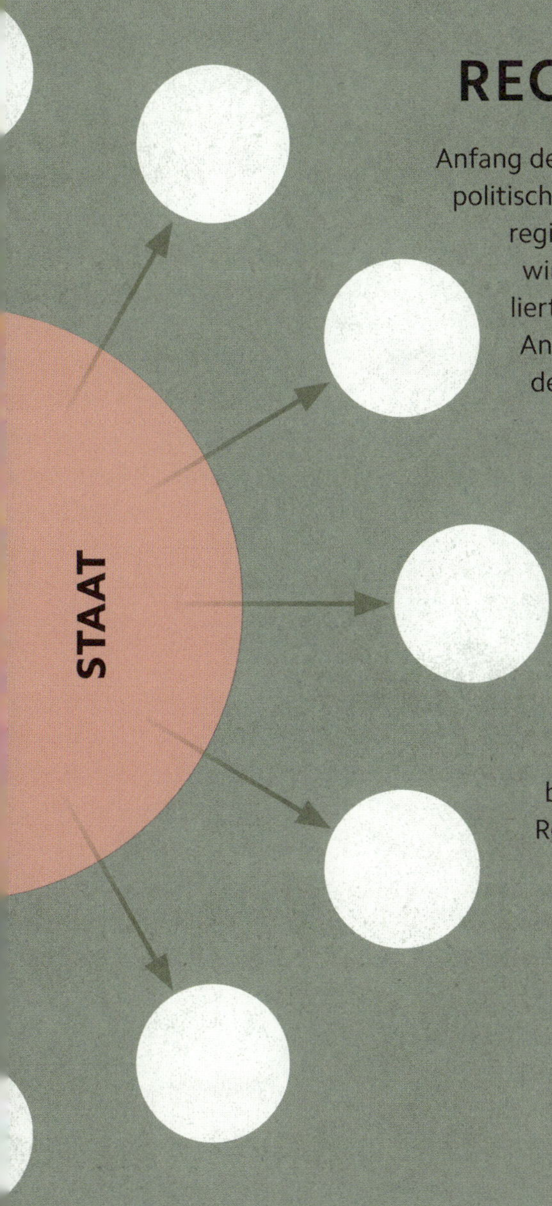

Anfang des 20. Jh. war der Etatismus (ein politisches System, in dem eine Zentralregierung die meisten sozialen und wirtschaftlichen Bereiche kontrollierte) eine zunehmend verbreitete Antwort auf die großen Probleme der westlichen Gesellschaften. So brachte US-Präsident Franklin D. Roosevelt 1933 als Reaktion auf die Weltwirtschaftskrise den New Deal auf den Weg. Diese umfangreiche staatliche Intervention sollte für soziale Sicherheit und wirtschaftliche Unterstützung sorgen, die Elektrifizierung und Bauvorhaben im ganzen Land voranbringen. Dadurch erweiterte die Regierung der USA ihre Funktion und den Einfluss auf die Wirtschaft des Landes.

Staatliche Kontrolle
In einem etatistischen System werden die Gemeinschaften von einer zentralen staatlichen Instanz regiert, die die wirtschaftlichen und sozialen Belange regeln soll.

GERECHTIGKEIT ALS FAIRNESS

John Rawls (1921–2002) vertrat die Auffassung, eine gerechte Gesellschaft zeichne sich dadurch aus, dass rational denkende Menschen sie als fair empfinden. Er stellte die These auf, dass wenn Menschen sich ihres Geschlechts, ihrer Ethnie, ihrer natürlichen Talente oder ihres sozialen Status nicht bewusst wären, würden sie keine Gesellschaft errichten, in der einige Gruppen oder Einzelpersonen benachteiligt wären. Stattdessen glaubte er, würden sie eine Umverteilung des Wohlstands befürworten, um die Schwachen abzusichern und einen gleichberechtigten Zugang zu sozialen Einrichtungen wie dem Bildungs- und Gesundheitssystem zu schaffen.

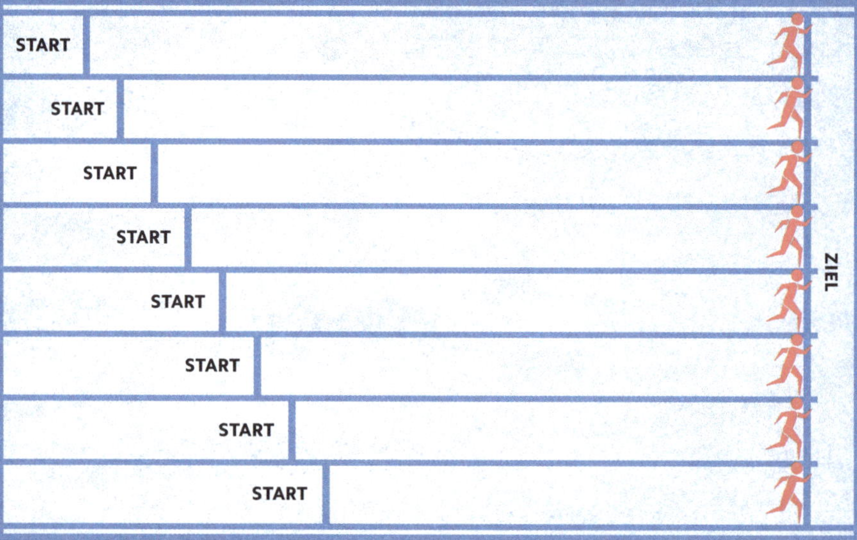

»Die Grundsätze der Gerechtigkeit werden hinter einem Schleier des Nichtwissens festgelegt.«
John Rawls

Vorsprung
Laut Rawls werden wir ungleich geboren. Eine Gesellschaft ist gerecht, wenn die Schwächsten die größte Unterstützung erhalten.

GERECHTIGKEIT ALS FREIHEIT

Robert Nozick (1938–2002) widersprach der Ansicht von John Rawls, in einer gerechten Gesellschaft werde der Wohlstand umverteilt (siehe links). Er argumentierte, wenn die Menschen die Art der Gesellschaft, in der sie leben wollen, frei wählen könnten, würden sie sich für diejenige entscheiden, in der sie belohnt würden, wenn sie Risiken eingingen – einschließlich des Risikos, Nachteile zu erleiden. Nozick glaubte, der Besitz gehöre dem Einzelnen und der Staat dürfe sich nicht in dessen Recht einmischen, dort Erfolg zu haben, wo andere möglicherweise scheitern. Er vertrat den Libertarismus: die Idee, dass der Staat sich darauf beschränken sollte, individuelle Freiheiten zu gewährleisten.

Freier Wettkampf
Nozick befand, dass die Menschen unterschiedliche Talente haben und dass sie für deren Einsatz belohnt werden sollten, unabhängig von der Verteilung des Wohlstands.

GESCHLECHTERGLEICHHEIT

Die feministische politische Philosophie beschäftigt sich mit der Geschlechterungleichheit in patriarchalischen Gesellschaften. Mary Wollstonecraft (1759–1797) hinterfragte die traditionelle Vorstellung, Frauen seien Männern von Natur aus geistig unterlegen, und befand, die Gesellschaft schränke Frauen ein und lehre sie, sich den Männern unterzuordnen. Später urteilte Simone de Beauvoir (siehe S. 68), dass Frausein an sich sei ein Konstrukt, das von patriarchalischen Gesellschaften geschaffen wurde, die Frauen als passiv und mütterlich definieren. Die moderne feministische Philosophie untersucht, wie das Patriarchat mit anderen Formen weiblicher Unterdrückung zusammenhängt, z. B. mit der Benachteiligung von Women of Colour, LGBTQ+-Frauen und behinderten Frauen. Diese Überschneidung von Diskriminierungskategorien bezeichnete Kimberlé Williams Crenshaw (*1959) als »Intersektionalität«.

> »Die Menschen sind alle unterschiedlich.«
>
> Eve Kosofsky Sedgwick

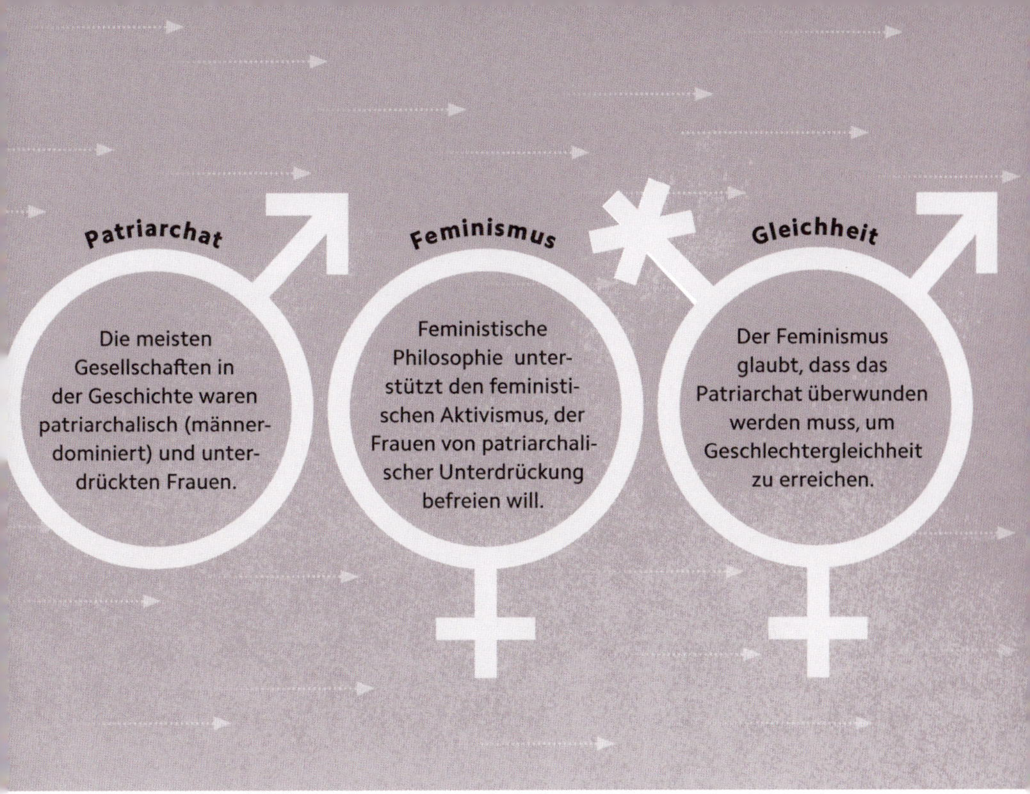

UNZÄHLIGE IDENTITÄTEN

Die Queer-Theorie befasst sich in einem weit gefassten Rahmen mit Geschlecht, Sexualität, Identität und Macht. Vorreiter*innen wie Judith Butler (siehe S. 69), Michel Foucault (siehe S. 70) und Eve Kosofsky Sedgwick (1950–2009) rüttelten das konventionelle Denken über biologisches und soziales Geschlecht sowie sexuelles Begehren auf und urteilten, die Identität des Menschen werde von Vorstellungen und nicht von der Biologie geprägt. Eines der Schlüsselkonzepte der Queer-Theorie ist Heteronormativität, also wie die Gesellschaft die Ansicht verstärkt, Heterosexualität sei »natürlich« und daher »normal«. Heute ist die Queer-Theorie ein breit gefächertes Studiengebiet, das zwar viele verschiedene Aspekte von Geschlecht und Sexualität umfasst, sich aber noch immer kritisch mit heteronormativen Vorstellungen auseinandersetzt.

LOGIK
ARGUM

U N D

E N T

Die Logik erforscht, warum manche Argumente besser sind als andere. Ein logisches Argument besteht aus einer Schlussfolgerung, die durch eine Reihe von Prämissen (Aussagen) gestützt wird. Bei der Analyse eines Arguments untersuchen wir, ob die Prämissen wahr sind und die Schlussfolgerung aus ihnen folgt. Aristoteles entwickelte ein erstes Konzept der Logik, das die Philosophie zwei Jahrtausende lang anwendete – bis Gottlob Frege im 19. Jh. ein neues System der formalen Logik entwarf. Zur Logik gehört auch, Fehlschlüsse zu erkunden, damit wir sie in unserem eigenen Denken und in dem anderer erkennen.

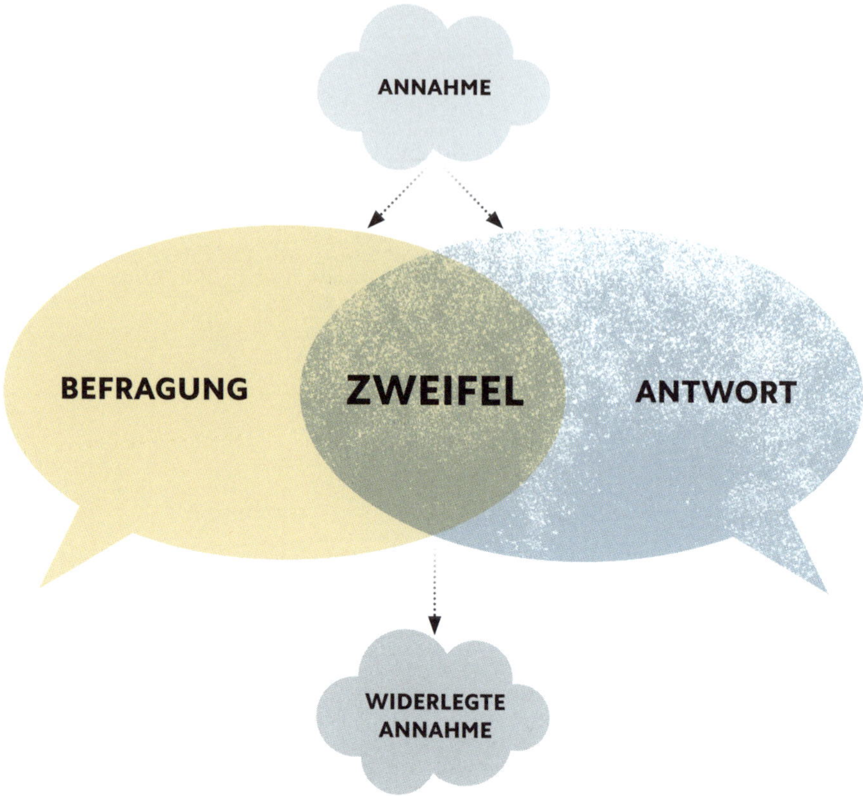

ANTWORTEN HINTERFRAGEN

Platon zufolge befasste sich Sokrates (um 470–399 v.Chr.) mit einer Art Argument, das als *Elenchos* bekannt ist. Sokrates begann mit einer Annahme, die sein Gesprächspartner für wahr hielt (in der Regel ging es dabei um das Wesen von etwas, z.B. Mut). Dann brachte er sein Gegenüber durch Fragen dazu, weiteren Aussagen zu dieser Annahme zuzustimmen. Schließlich zeigte er, dass diese weiteren Aussagen mit der ursprünglichen Annahme unvereinbar waren und bewies so, dass sich sein Gegenüber von vornherein geirrt hatte.

SYLLOGISMEN

Die von Aristoteles beschriebenen Syllogismen sind eine Form des deduktiven Arguments (siehe S. 144). Sie bestehen aus zwei Prämissen (Ober- und Untersatz) und einer Konklusion (Schlussfolgerung). Die drei Aussagen zusammen haben die logische Form: Alle X sind Y, Z ist ein X, also ist Z ein Y. Die Konklusion folgt zwingend, wenn beide Prämissen wahr sind. Dann ist das Argument gültig. Jede Aussage besteht aus Subjekt (z.B. »Katzen«), syllogistischem Prädikat (Eigenschaft des Subjekts, z.B. »Tiere«) und einem Verb, das sie miteinander verbindet (z.B. »sind«).

ALLE KATZEN SIND TIERE.

OBERSATZ

Der Obersatz enthält das Wort »Katzen« (das in beiden Prämissen vorkommt) und das Wort »Tiere« (das syllogistische Prädikat der Konklusion).

EIN TIGER IST EINE KATZE.

UNTERSATZ

Der Untersatz enthält das Wort »Katze« und besagt, dass eine Katzenart ein »Tiger« ist (das Subjekt der Konklusion).

EIN TIGER IST EIN TIER.

KONKLUSION

Die Konklusion sagt aus, dass ein »Tiger« ein »Tier« ist.

> **»Die beweisbare Wissenschaft leitet sich aus notwendigen obersten Grundsätzen ab.«**
>
> Aristoteles

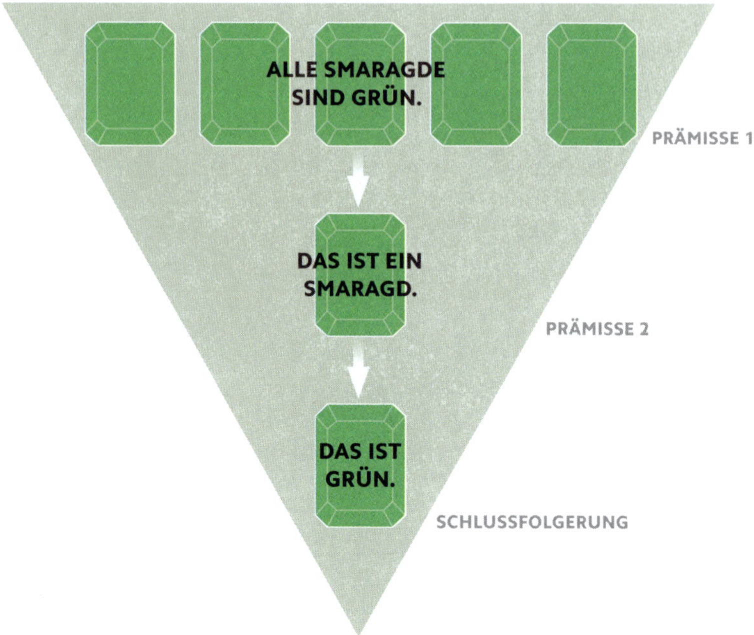

LOGISCHER SCHLUSS

Ein deduktives Argument ist eines, bei dem die Schlussfolgerung wahr sein muss, wenn die Prämissen wahr sind – aus rein logischer Sicht. Ein gutes deduktives Argument wird als »gültig« bezeichnet. Ein gültiges Argument, dessen Prämissen wahr sind, ist ein »schlüssiges« Argument und die Schlussfolgerung mit Gewissheit zutreffend. Bei einem »ungültigen« Argument hingegen kann die Schlussfolgerung falsch sein, auch wenn die Prämissen wahr sind (Fehlschluss). Wenn es logisch unmöglich ist, dass die Prämissen wahr sind und die Schlussfolgerung falsch ist, dann ist ein Argument ebenfalls gültig.

WAHRSCHEINLICHER SCHLUSS

Im Gegensatz zu einem deduktiven Argument (siehe links) liefert ein induktives Argument keine Gewissheit, sondern macht eine bestimmte Annahme mehr oder weniger wahrscheinlich. Daher werden die Begriffe »gültig« und »ungültig« für induktive Argumente nicht verwendet. Ein gutes oder »starkes« induktives Argument ist eines, bei dem die Schlussfolgerung sehr wahrscheinlich ist, wenn die Prämissen wahr sind. Die Schlussfolgerung eines schlechten oder »schwachen« induktiven Arguments ist nicht sehr wahrscheinlich, auch wenn die Prämissen wahr sind. Durch zusätzliche Beweise kann ein starkes induktives Argument geschwächt oder ein schwaches induktives Argument gestärkt werden.

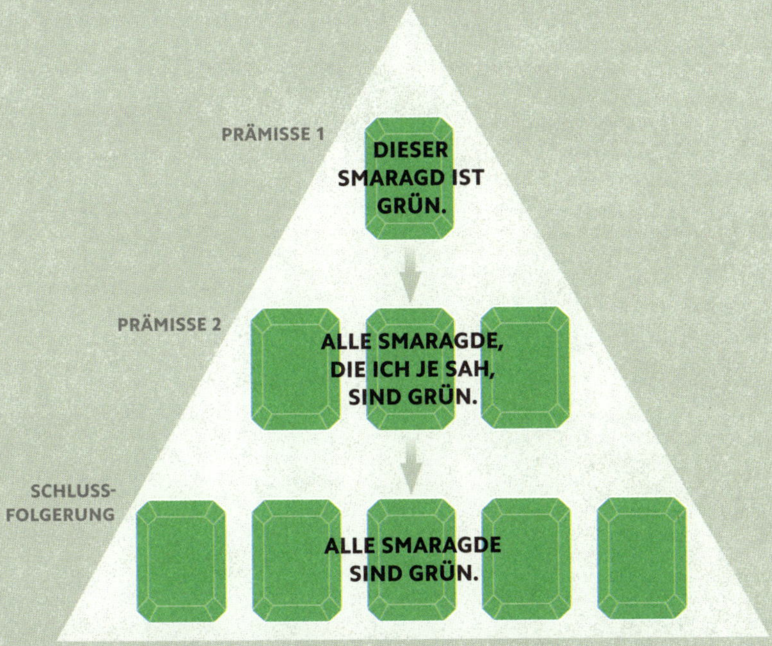

ARGUMENTE BEURTEILEN

Bei der Bewertung von Argumenten müssen wir zwei Fragen beantworten: »Folgt die Schlussfolgerung aus den Prämissen?« und »Sind alle Prämissen wahr?«. Wenn sich die erste Frage bejahen lässt, ist die Logik des Arguments gut. Das führt uns zu zwei Möglichkeiten: Wenn die Prämissen wahr sind, dann ist die Schlussfolgerung entweder wahr (im Fall einer Deduktion, siehe S. 144) oder wahrscheinlich wahr (im Fall einer Induktion, siehe S. 145). Können wir die zweite Frage ebenfalls mit »Ja« beantworten, dann ist das Argument schlüssig: Die Schlussfolgerung folgt aus den Prämissen und die Prämissen sind wahr.

Gutes Argument
Die Schlussfolgerung eines guten Arguments ergibt sich immer aus seinen Prämissen. Wenn jedoch eine der Prämissen falsch ist, dann kann auch die Schlussfolgerung falsch sein. Gute deduktive Argumente werden als »gültig« bezeichnet. Gute induktive Argumente werden »stark« genannt.

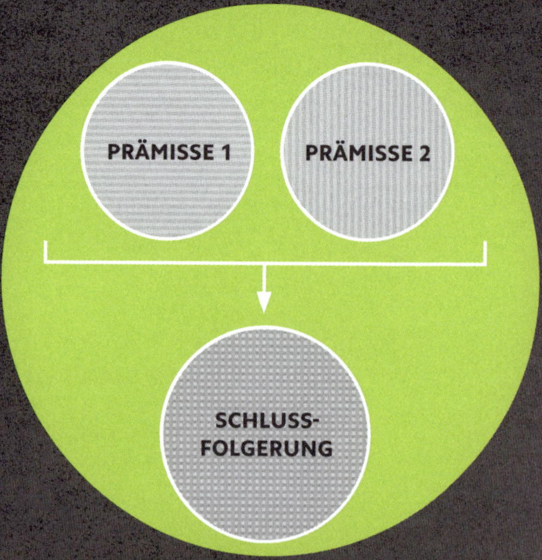

Schlüssiges Argument
Wenn ein Argument schlüssig ist, dann folgt die Schlussfolgerung aus den Prämissen und die Prämissen sind alle wahr. Das bedeutet, dass die Schlussfolgerung eines schlüssigen deduktiven Arguments wahr ist und dass die Schlussfolgerung eines schlüssigen induktiven Arguments wahrscheinlich wahr ist.

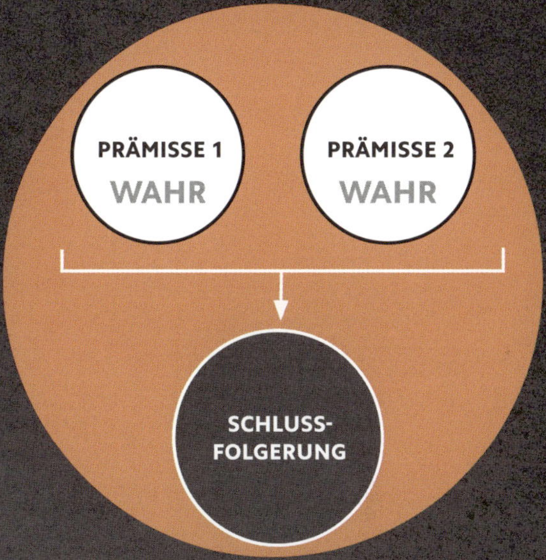

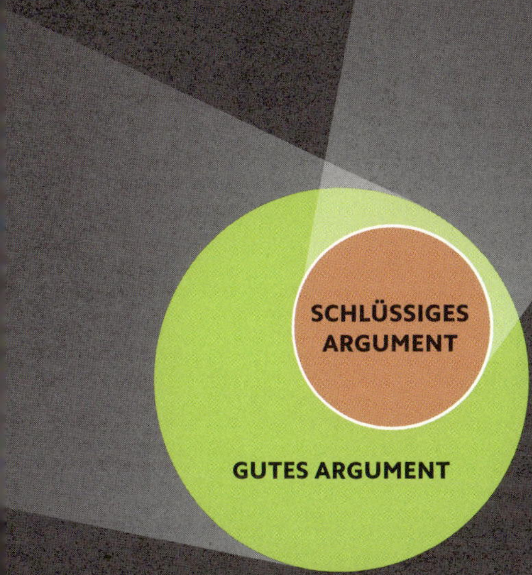

Logik und Wahrheit
Jedes schlüssige Argument ist gut, aber nicht jedes gute Argument ist schlüssig. Ein gutes Argument ist nicht schlüssig, wenn eine seiner Prämissen falsch ist, auch wenn es im logischen Sinn dennoch gut ist (d. h. seine Schlussfolgerung aus den Prämissen folgt).

Struktureller Fehler
Formale Fehlschlüsse liegen in der Struktur eines Arguments begründet. Das oben gezeigte Beispiel ähnelt dem gültigen Argument »Wenn P, dann Q, P, also Q«, hat aber den falschen Aufbau »Wenn P, dann Q, Q, also P«. Das wird als »Bejahung der Konsequenz« bezeichnet.

DENKFEHLER ERKENNEN

Fehlschlüsse sind schlechte Argumente, die oft für gute gehalten werden. Menschen begehen häufig logische Denkfehler, aber nur, wenn ihre Argumentation an sich stichhaltig erscheint, spricht man von einem Fehlschluss. Ein schlechtes Argument kann zu einem Irrglauben führen, der aber nicht per se ein Fehlschluss ist, ebenso wenig wie ein Argument, das auf Sarkasmus und Übertreibung beruht. Fehlschlüsse sind Logikfehler, die untersucht und kategorisiert wurden, weil sie so oft mit schlüssigem Denken verwechselt werden. Etwas über diese Fehlschlüsse zu erfahren, ist nützlich, weil es uns hilft, sie in unserem eigenen Denken und dem anderer Menschen zu erkennen.

[Ein Zirkelschluss ist] »ein Beweisen des nicht durch sich selbst Klaren durch sich selbst.«
Aristoteles

Inhaltliche Schwäche
Informale Fehlschlüsse basieren eher auf dem Inhalt eines Arguments als auf seiner Struktur. Im obigen Beispiel ist das Argument nur deshalb gültig, weil die Prämissen bereits die Schlussfolgerung enthalten. Das wird als »Zirkelschluss« bezeichnet.

BEWEISE ÜBERPRÜFEN

Wenn Forschende ein Phänomen beobachten, erkennen sie vielleicht ein Muster. Dann stellen sie eine Hypothese auf – eine allgemeine Regel, die sie aus ihren Beobachtungen ableiten. Um die Gültigkeit einer solchen Hypothese zu prüfen, werden Experimente durchgeführt. Wenn die Ergebnisse dieser Experimente nicht beweisen, dass die Hypothese falsch ist (siehe S. 61), dann kann sie als wissenschaftliche Theorie anerkannt werden. Das bedeutet jedoch nicht, dass sie unbedingt wahr ist: Weitere Experimente oder Beobachtungen können sie widerlegen oder zeigen, dass sie nur teilweise wahr ist.

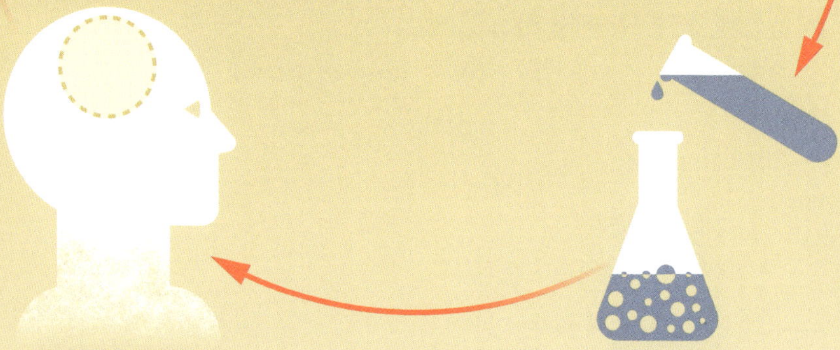

DIE LOGIK DES EINFACHEN

Manchmal werden mehrere Theorien zur Erklärung eines Phänomens vorgebracht und wir müssen beurteilen, welche mit großer Wahrscheinlichkeit richtig ist. Wilhelm von Ockham (um 1280–um 1349) schlug vor, dass wir bei dieser Entscheidung am besten mit der einfachsten Theorie beginnen. Das als »Ockhams Rasiermesser« (weil es alles Unnötige wegschneidet) bekannte Prinzip besagt, dass eine gute Theorie gerade so viele Gedanken enthält, wie nötig sind, um ein Phänomen zu erklären, und dass sie einer Theorie vorgezogen werden sollte, die unnötige Annahmen enthält oder zu komplex ist. Das gleiche Prinzip gilt für Argumente: Ein starkes Argument ist eines, das sich auf die wenigsten Annahmen stützt, da sich jede einzelne Annahme als falsch erweisen kann.

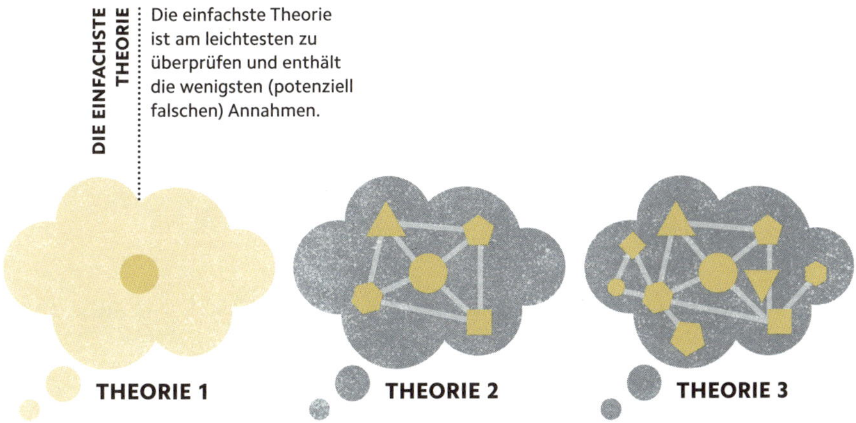

> **»Es ist nutzlos, etwas mit mehr zu tun, was mit weniger getan werden kann.«**
>
> Wilhelm von Ockham

ERSTE PRÄMISSE

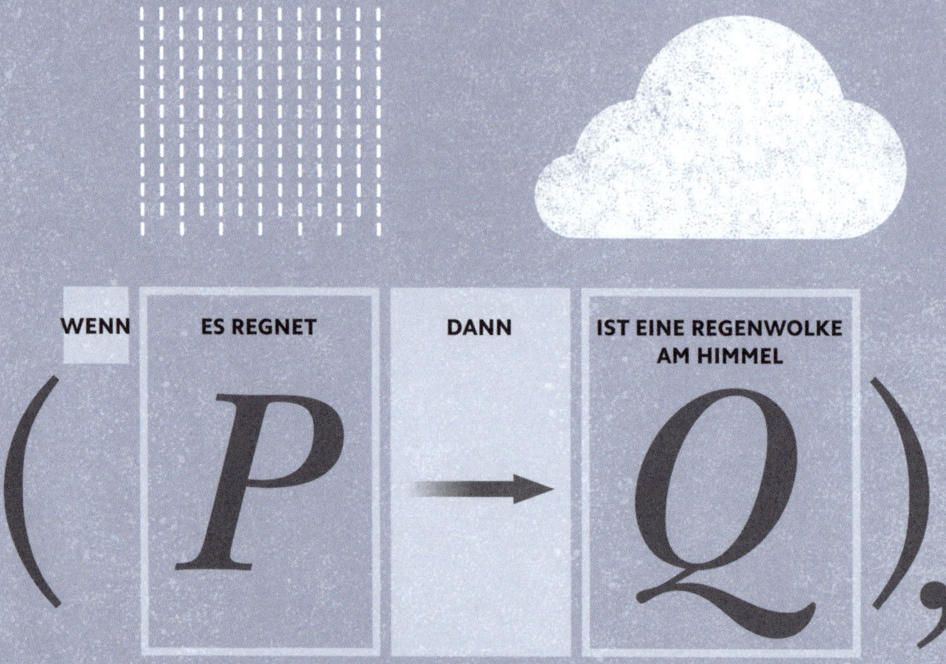

LOGISCHE STRUKTUREN

Die Aussagenlogik konzentriert sich eher auf die Struktur als auf den Inhalt von Argumenten. Um sie anzuwenden, muss man zunächst feststellen, welche Aussagen eines Arguments die Prämissen sind und welche Aussage die Schlussfolgerung ist. Dann werden Buchstaben (z. B. P, Q) für die Aussagen verwendet und Symbole für die logischen Wörter, die sie verbinden (z. B. → für »Wenn, ... dann ...«). Runde Klammern zeigen an, auf welche Buchstaben sich die Symbole beziehen, und ⊨ steht für »folglich« und bedeutet, dass sich die Schlussfolgerung (auf der rechten Seite) logisch aus den Prämissen (auf der linken Seite) ergibt.

ZWEITE PRÄMISSE

SCHLUSSFOLGERUNG

ES REGNET	FOLGLICH	IST EINE REGENWOLKE AM HIMMEL
P	$\models$	Q

Aussageform
Die Buchstaben und Symbole in dieser Aussageform verdeutlichen die Struktur des Arguments »Wenn es regnet, dann ist eine Regenwolke am Himmel. Es regnet, folglich ist eine Regenwolke am Himmel.«

»... so daß der Aufbau des Satzes als Bild gelten könnte des Aufbaues des Gedankens.«
Gottlob Frege

UNIVERSALQUANTOR

FÜR JEDES X GILT:

$$\forall x$$

UNIVERSAL-QUANTOR

Der Universalquantor ∀ steht für»alle«, wie »Alle Blätter sind grün.« (formal geschrieben »Für jedes x gilt: Wenn x ein Blatt ist, dann ist x grün.«).

EXISTENZ-QUANTOR

Der Existenzquantor ∃ steht für »mindestens ein«, wie »Mindestens ein Blatt ist grün.« (formal geschrieben »Es gibt mindestens ein x, für das gilt: X ist ein Blatt und x ist grün.«).

EXISTENZQUANTOR

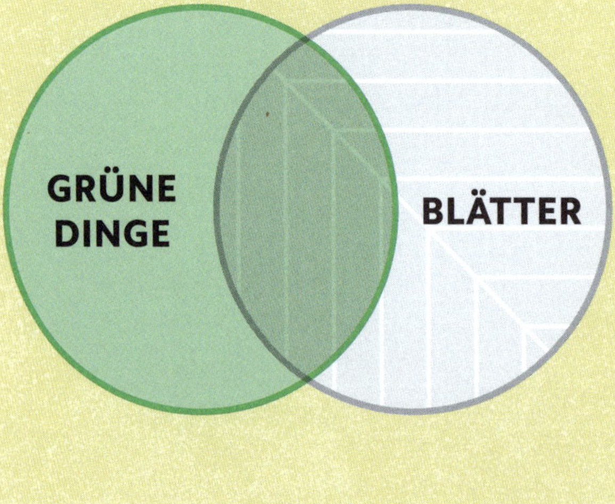

$$\exists x$$

ES GIBT MINDESTENS EIN X, FÜR DAS GILT:

WENN	X EIN BLATT IST	DANN	IST X GRÜN

$$(Bx \rightarrow Gx)$$

QUANTOREN EINSETZEN

Die Prädikatenlogik baut auf der Aussagenlogik auf (siehe S. 152–153) und führt Symbole für Begriffe wie »alle« (∀) und »mindestens ein« (∃) ein. Prädikate (siehe S. 143) sind unvollständige Wortfolgen: So bezieht sich der Ausdruck »ist grün« auf eine Klasse grüner Dinge, sagt aber nichts über deren Mitglieder aus. Prädikate können vervollständigt werden durch ein Subjekt, wie »Dieses Blatt ist grün.«, durch einen Universalquantor, wie »Alle Blätter sind grün.«, oder durch einen Existenzquantor, wie »Mindestens ein Blatt ist grün.«.

$$(Bx \;\&\; Gx)$$

X IST EIN BLATT	UND	X IST GRÜN

REGISTER

Die **fett** gedruckten Seitenzahlen verweisen auf Haupteinträge.

A

B

CD

E

FG

HI

JK

T

U

V

W

XYZ

DANK

Der DK Verlag dankt Phil Gamble und Mark Cavanagh für die Illustrationen; Helen Peters für das Register sowie Suhita Dharamjit, Harish Aggarwal, Priyanka Sharma und Saloni Singh für die Umschlaggestaltung.

Der Verlag dankt folgenden Personen und Organisationen für die freundliche Genehmigung zum Abdruck von Fotos:

23 Dreamstime.com: Vladimir Il'yin / Wladbvbh.
154 Dorling Kindersley: John Devolle.
Umschlagbilder: *Vorn und Rücken:* **iStockphoto.com:** DieterMeyrl / Getty Images Plus.

ZITATNACHWEIS

Der Verlag hat sich bemüht, alle Rechteinhaber ausfindig zu machen. Eventuelle Auslassungen werden wir bei entsprechendem Hinweis gern zu einer späteren Auflage korrigieren. Wenn nicht anders angegeben, wurden die Zitate frei übersetzt.

7 Platon: *Theaitetos*, nach: Friedrich Schleiermacher, *Platon. Sämtliche Werke. Band 2*, Berlin, 1940. **10** Platon, nach: Johannes Engels, *Die Sieben Weisen, Leben, Lehren und Legenden*, C.H.Beck, 2010. **11** Platon, zugeschrieben. **13** Pythagoras von Samos, zugeschrieben. **23** Aristoteles, nach: Adolf Lasson (Übers.) /Aristoteles, *Metaphysik XII*, Jena, 1907. **26** Anselm von Canterbury, nach: Wilhelm Schenz, *Warum Gott Mensch geworden*, Friedrich Pustet, 1880. **29** William von Ockham, nach: *Theologische Literaturzeitung*, Evangelische Verlagsanstalt, 10.2004. **31** Gottfried Leibniz, nach: Eduard Dillmann, *Eine neue Darstellung der Leibnizschen Monadenlehre auf Grund der Quellen*, 1891, S. 393. **39** David Hume, nach: J.H.v.Kirchmann (Übers.) /David Hume, *Untersuchungen in Betreff des menschlichen Verstandes*, 1869. **47** Georg Wilhelm Friedrich Hegel, *Phänomenologie des Geistes*, in: *Werke. Band 3*, Suhrkamp, 1979. **48** Arthur Schopenhauer, *Zürcher Ausgabe. Werke in zehn Bänden. Band 1*, Diogenes, 1977 (Zitat), *Band 1*, Buch 4, (Fließtext). **49** Friedrich Nietzsche, *Die fröhliche Wissenschaft. Drittes Buch*, E. Schmeitzner, 1882 (akt. Rechtschreibung). **50** William James, nach: Gunnar Skirbekk (Hg.), *Wahrheitstheorien*, Suhrkamp, 1977, S. 35ff. **51** John Dewey, *Democracy and Education*, Macmillan, 1916. **54** Gottlob Frege, Über Sinn und Bedeutung, In: *Zeitschrift für Philosophie und philosophische Kritik*, NF 100, 1892. **59** Ludwig Wittgenstein, *Philosophische Untersuchungen*, Suhrkamp, 2003. **63** Edmund Husserl, *Ideen zu einer reinen Phänomenologie und phänomenologischen Philosophie, Erstes Buch*, 1. Halbband, Springer, 1977. **65** Martin Heidegger, *Sein und Zeit*, Niemeyer, 1993, S. 12. **66** Jean-Paul Sartre, *Drei Essays. Ist der Existentialismus ein Humanismus*, Ullstein, 1979, S. 16. **70** Michel Foucault, *Die Ordnung der Dinge*, Suhrkamp, 1971, S. 462. **72** Jacques Derrida, in: Christa H. Herold, *Lösungsfokussierte Beratung*, Vandenhoeck und Rupprecht, 2021, S. 43. **78** René Descartes, *Meditationes de prima philosophia. Meditationen über die Grundlagen der Philosophie*, Felix Meiner, 2008, S. 159. **80** George Santayana, *The Realm of Matter*, Constable and Company, 1930. **85** Gilbert Ryle, *Der Begriff des Geistes*, Reclam, 1969, S. 19. **86** Edwin G. Boring, *The Physical Dimensions of Consciousness*, The Century, 1933. **88** Thomas Hobbes, nach: Hermann Klenner (Hg.) / Thomas Hobbes, *Leviathan*, Wiss. Buchgesellschaft, 1996. **95** Aristoteles, *Nikomachische Ethik*, viertes Kapitel, 1112a. **98** Demosthenes, *Olynthische Reden, 1: Prooimion*, Abschnitt 11. **100** Jeremy Bentham, nach: Rudolf Mensch/Werner Trutwin: *Philosophisches Kolleg 3. Ethik. Arbeitsmaterialien für den Philosophieunterricht. Sekundarstufe II.*, Patmos Verlagsgruppe, 1984, S. 96. **102** Jeremy Bentham, Extracts from Bentham's Commonplace Book, In: *The Collected Works of Jeremy Bentham, Band X. Religion and the church*, Claredon Press, 1968. **104** David Hume, *Ein Traktat über die menschliche Natur*, Felix Meiner, 2013, S. 486 (Fließtext), David Hume, *Traktat über die menschliche Natur, Drittes Buch: Über Moral*, Leopold Voss, 1906 (Zitat). **107** G.E. Moore, *Principia Ethica*, Reclam, 1970. **111** Arthur Schopenhauer, *Preisschrift über die Freiheit des Willens*, Felix Meiner, 1978, S. 58. **113** Pindar, *Oden, 2. Pythische Oden.* **116** Peter Singer, 1975. **120** Platon, *Der Staat, Fünftes Buch*, In: *Sämtliche Werke. Band 2*, Lambert Schneider, 1940. **122** Robert Filmer, In: Peter Schröder (Hg.), *Patriarcha*, Felix Meiner, 2019. **124** Thomas Hobbes, in: Hermann Klenner (Hg.)/Thomas Hobbes, *Leviathan*, Wiss. Buchgesellschaft, 1996, S. 105. **127** Adam Smith, *Der Wohlstand der Nationen*, C.H.Beck, 1974, S. 17. **129** : Friedrich Engels, in: Marx/Engels, *Werke. Herausgegeben vom Institut für Marxismus-Leninismus beim ZK der SED. Band 20*, Dietz Verlag, Berlin/DDR, 1962 (Fließtext), Karl Marx, *Kritik des Gothaer Programms*. In: Marx/Engels, *Werke*, Dietz, 1962 (Zitat). **131** Michel Foucault, Überwachen und Strafen. Die Geburt des Strafgefängnisses, Suhrkamp, 2012. **133** W.E.B. Du Bois, *Die Seelen der Schwarzen*, orange press, 2003. **136** John Rawls, *Eine Theorie der Gerechtigkeit*, suhrkamp, 1975. **138** Eva Kosofsky Sedgwick, *Epistemology of the Closet*, University of California Press, 1990. **143** Aristoteles, nach: *Aristoteles' zweite Analytiken*, Dürr, 1877, S. 12. **149** Aristoteles, nach: *Erste Analytiken oder: Die Lehre vom Schluss*. Felix Meiner, [o.J.]. **151** Wilhelm von Ockham, *Summa Totus Logicae* (c.1323), zitiert nach Sharon M. Kaye, Robert M. Martin, *On Ockham*, 2001. Wilhelm von Ockham, in: Jürgen Werbick, *Gott verbindlich. Eine theologische Gotteslehre*, Herder, 2007, S. 44. **153** Gottlob Frege, nach: I. Angelelli (Hg.), *Kleine Schriften*, Wiss. Buchgesellschaft, 1967, S. 378.